Hans Meurer
Vampire
Die Engel der Finsternis

Hans Meurer

Vampire

Die Engel der Finsternis

Der dunkle Mythos von Blut, Lust und Tod

mit 75 Farb- und
60 Schwarzweißabbildungen

Eulen Verlag

Alle Rechte vorbehalten
© 2001 Eulen Verlag Harald Gläser, Freiburg i. Brsg., Hebelstraße 11
Satz: F. X. Stückle, Ettenheim
Reproduktionen: Wehrle Repro, Freiburg
Druck und Einband: Uhl, Radolfzell
ISBN 3-89102-460-6

INHALT

Vorwort 7

Mythen und kein Ende 10

Lilith und der Sündenfall 16
Die Dämoninnen der Wollust 21

Am Anfang war das Blut 27
Tod und Eros 29

Graf Dracula – der Fürst der Walachei und der Finsternis 35
Der historische Dracula 36
Die Charakterisierung des Vampirs im Roman 41
Dracula, der Übervater – eine psychologische Interpretation 43

Die Verbannung des Vampirs aus der Wissenschaft 49

Der Held der Literatur 55

Der Star des Theaters 65

Die Wiederauferstehung auf der Leinwand 74
Vampirinnen auf der Leinwand 90

Der Vampir im Fernsehen 94

Comic 99

Graf Zahl, Vampir-Enten und andere Rollenspieler 105
„Der kleine Vampir" 105
Vampir-Rollenspiele 108

Und lautlos fliegen sie durch die Nacht 110

Transsylvanische Trivialitäten 116

Wie man sich vor Vampiren schützt 120

Die Zukunft 124

Vampire in aller Welt 129

Die persönliche Hitliste der Dracula-Bearbeitungen 130
Die Bücher 130
Die Filme 132

Literaturverzeichnis 134

VORWORT

Immer, wenn ich gefragt werde, womit ich mich beschäftige und dann antworte, mit Mythenforschung, sind die Reaktionen noch sehr ehrfurchtsvoll. Aber spätestens nach der zweiten Frage, um welche Mythen es sich dabei handelt, wandelt sich der Gesichtsausdruck. Er schwankt zwischen ungläubigem Staunen und ironischem Lächeln, hervorgerufen durch die Antwort: „Mythen rund um die Vampire." Der Gesichtsausdruck besagt: es kann doch nicht sein, dass sich ein halbwegs intelligenter und aufgeklärter Mensch mit so etwas beschäftigt! Die dritte Frage wird dann meist etwas zögerlich, aber unausweichlich gestellt und lautet: „Glaubst Du etwa daran?" Wenn ich dann mit einem klaren und eindeutigen Nein antworte, fällt den meisten ein Stein vom Herzen (einmal abgesehen von irgendwelchen sensationsgeilen Journalisten). Die vierte Frage, die sich dann in der Regel noch anschließt, möchte ich mit diesem Buch beantworten. Sie lautet: „Aber warum beschäftigst Du Dich denn damit?"

An dieser Stelle nur eine kurze Antwort: Vampire sind weit mehr als Dracula und andere Verkörperungen des Vampirs oder der Vampirin in billigen Romanen oder Filmen. Vampire sind theologische und philosophische Gestalten der ältesten Mythen. Mythen erzählen uns vom Ursprung der Welt, vom Werden und Vergehen der Natur, vom Paradies und vom Sündenfall und vor allem vom Tod. Sie berichten von göttlichen und teuflischen Mächten in der Gestalt von Personen und deren Handlungen, ihren Schöpfungen und Zerstörungen. Und dies ist bis heute nicht anders. Trotz Wissenschaft und Technik leben die Mythen fort, zwar in anderer Form, aber trotz allem sehr lebendig. Filme sind zu den wichtigsten Mythenproduzenten unserer Zeit geworden, aber auch in allen anderen gesellschaftlichen Bereichen haben Mythen Eingang gefunden. Mit diesem Buch will ich einen kleinen Überblick über all das geben, was der Vampir in unserem Kulturzusammenhang bedeutet. Was macht den Vampir spannender als alle anderen Horrorgestalten? Warum kennt jeder auf der ganzen Welt diese Figur?

Diese Frage kann in einem solchen Buch nicht erschöpfend dargestellt werden. Aber es wird versucht, die wichtigsten Aspekte zu beleuchten und zu erklären. Es ist mir bewußt, dass einige Themen nur angerissen sind, manche aus Platzgründen, manche aber auch, um dem Leser die Möglichkeit zu geben, seiner Phantasie freien Lauf zu lassen. Denn Phantasie braucht man, um dieser Figur sich in ihren theologischen, philosophischen und psychoanalytischen Aspekten zu nähern. Es ist unmöglich, in einem solchen stark bebilderten Buch alles darzustellen, was es zu diesem Thema zu sagen und zu sehen gibt. Also mußte ich eine Auswahl treffen. Sicher wird der eine oder andere Kenner oder Kennerin der Materie berechtigterweise sagen: „Da fehlt dieses, dort fehlt jenes, dieses ist zu stark verkürzt usw." Ich habe versucht, die weniger bekannten Aspekte etwas ausführlicher zu behandeln auf Kosten der bekannteren Geschichten.

Ich hoffe trotzdem, dass es gelungen ist, einen Überblick über das vielschichtige Treiben der Vampire in unserer Gesellschaft, ihre Faszination und ihre tiefliegende Bedeutung zu geben.

Bedanken möchte ich mich bei meiner Frau, die das Manuskript in den Computer gehämmert hat sowie bei zahlreichen Freunden und Bekannten, die mich mit Material versorgt haben. Besonders bedanken möchte ich mich bei Klaus Richarz für die Fledermäuse, dem Deutschen Filminstitut für diverses Bildmaterial und Stella Entertainment für die Musical-Bilder.

Gewidmet ist dieses Buch meiner Mutter.

Im Sommer 2001   Hans Meurer

Die „Engel der Finsternis" werden in der Kunst in vielfältiger Weise dargestellt: Carlos Schwabe (1866-1926), *Der Totengräber und der Todesengel.*

Mythen und kein Ende

"Sie sind alt wie die Welt, diese Geschichten von Vampiren, die sich auf einen legen und einem das Blut aussaugen! Man glaubt natürlich nicht mehr daran. Ich auch nicht. Trotzdem werde ich von nun an sorgfältig die Fenster und Türen verschliessen..." (Michel Ghelderode in: Sturm/Völker, Von denen Vampiren oder Menschensaugern)

Nein, Vampire gibt es nicht, in unserer aufgeklärten rationalen Gesellschaft ist kein Platz für solche Geschöpfe einer verborgenen Phantasie – oder? Jeder wird dieser Aussage zustimmen – und dabei ein leichtes Kribbeln verspüren. Dieses Kribbeln, das uns sagt, dass vielleicht unsere Welt doch nicht nur rational ist. Denn eines ist sicher: Keine andere Gestalt des Makabren, kein anderes Monster, kein anderes Schattenwesen hat die Aufmerksamkeit so sehr auf sich gezogen wie der Vampir. Kein anderer „Schrecken aus dem Dunkeln" hat so viele alptraumhafte künstlerische Arbeiten inspiriert und so sehr die Phantasie beflügelt. Aber der Vampir ist keine Erfindung irgendwelcher Künstler. Er wurzelt tief in Sage und Volksmärchen, die bis in das Altertum zurückreichen. Er ist Realität und Wirklichkeit.

Ein babylonisches Zylindersiegel, eine der ersten Vampirdarstellungen.

10

Gustave Doré (1832-1883), *Der Rabe.* Illustration zu *The Raven* von Edgar Allan Poe (1883).

Edvard Munch (1863-1944), *Der Vampyr* (1893/94). Edvard Munch hat sich mit diesem Thema lange Zeit beschäftigt und das Motiv in verschiedenen Variationen gemalt.

Vampire sind allgegenwärtig. Sie erscheinen in der Geschichte von so weit auseinander liegenden Ländern wie China und Deutschland, Indien und Mexiko. Und selbst aus den entlegensten Teilen der Welt hat man uns vor nicht allzu langer Zeit von ihren schändlichen Taten berichtet. Es ist gleichgültig, wie man dazu stehen mag. Vampire gehören zu unserem Denken, zu unseren Träumen, zu unserer Phantasie. Der Vampir ist die gelungenste Projektion unserer Urängste, ein Wesen mit gewaltigem theologischen, philosophischen und psychologischen Tiefgang.

Der Vampir ist eine der bedeutendsten Verkörperungen unserer Angst vor der Natur, vor Sexualität und Tod. Sexualität und Tod bestimmen den Kreislauf des Lebens. Nur hier erfahren wir unseren ursächlichen Zusammenhang mit der Natur. Hier erfahren wir, dass es Dinge außerhalb unserer Kontrolle gibt, die uns beherrschen und die doch nicht rational eingeordnet werden können. Die Menschen haben geglaubt, dass sie der Natur überlegen sind, dass sie alles im Griff haben, dass sie „wissen". Aber es stellt sich immer mehr heraus, dass dies desto weniger der Fall ist, je mehr Wissen wir herausfinden.

Wie kommt es also, dass trotz kultureller und technischer Weiterentwicklungen Sagen und Mythen uns noch immer beeinflussen? Kann es sein, dass wir den Fragen unserer Existenz immer noch nicht auf die Spur gekommen

sind? Kann es sein, dass unsere Existenzberechtigung nur unsere Existenz ist? Kann es sein, dass die Sinnlosigkeit, die diese Erkenntnis in sich birgt, kollektiv verdrängt werden muss und wir dieser Verdrängung all unsere kulturellen und technischen Errungenschaften verdanken? Kann es sein, dass unsere Realität nicht alles ist?
Oder ist es genau umgekehrt? Sind in Wirklichkeit unsere Träume die Realität? Ist es unser Geist, der das eigentliche Leben darstellt? Ist nicht nur der Mensch, sondern die ganze Natur beseelt? Kann es dann auch sein, dass es Vampire gibt?
Die Mythen haben versucht, eine Antwort auf die Sinnfragen der menschlichen Existenz zu geben, die Religionen haben es versucht und auch die Wissenschaften. Gelungen ist dies bisher nicht. Unsere Fragen sind nach wie vor dieselben geblieben. Nur so ist zu erklären, warum die Mythen der Babylonier, Inder, Ägypter und Hebräer um die gleichen Themen kreisen wie die der Indianer und warum die alten Mythen vergleichbar sind mit den Träumen eines heutigen Einwohners von New York oder Paris und warum dessen Träume wiederum jenen gleichen, die vor ein paar tausend Jahren von Menschen in Athen und in Jerusalem geträumt wurden.
Die Natur, oder anders ausgedrückt, der Kreislauf vom Werden und Vergehen, birgt die Rätsel unserer Erkenntnis und unserer Existenz. Zu ihrem

Arnold Böcklin (1827-1901), *Triton und Nereide* (1873/74). Triton, dem Sohn und Diener des Poseidon, dem mit seinem Muschelhorn das Meer aufwühlenden und besänftigenden Gott, ist Nereide, die Tochter des Meergottes Nereus, beigesellt. Halb Mensch, halb Tier verkörpern die mythologischen Gestalten ihr Element, das Wasser, welches die Triebe und das Leben versinnbildlicht. Die Seeschlange wird dabei zum „Hausfreund".

Verständnis waren immer mystische Gestalten notwendig, mag man sie nun Götter oder Dämonen nennen. Eine solche aus der vorchristlichen Zeit stammende Schreckensgestalt ist der Vampir. Er verkörpert all jene Ängste, Sehnsüchte und Wünsche, die uns die menschliche Natur mitgegeben hat. Die Angst vor dem Tod ist bis heute eine der schwierigsten und komplexesten Erfahrungen der Menschheit. Und es gehört zu den archaischen Mustern unseres Lebens, großer Angst dadurch zu entfliehen, dass man sich konkrete Objekte oder Figuren sucht, auf die man diese Angst projizieren kann, so dass sich diffuse Hilflosigkeit und Verzweiflung in gezielte Furcht verwandeln können.

Obwohl wir Angst vor dem Tod haben, töten wir. Es ist dieses Bewusstsein der Schuld, das uns ebenfalls immer begleiten wird: Die Schuld des Menschen, die darin besteht, dass er tötet, um zu leben. Ob es sich dabei um das Fleisch des Jägers oder die Früchte der Pflanzen handelt, spielt keine Rolle. Es ist die Gleichgültigkeit gegenüber dem Erfahren der Schuld, die sich auch im biblischen Mythos von Adams und Evas Schuld widerspiegelt, die vom Baum der Erkenntnis den Apfel nahmen und hineinbissen ... und danach kamen die Gewissensbisse.

Der Vampir verkörpert einen gewaltigen Mythos von Tod und Schuld, Sexualität und Macht. Und weil diese Mythen auch in unserem modernen Alltag noch eine Bedeutung haben, gibt es den Glauben an Vampire zumindest auf dieser mystischen Ebene.

Gleichzeitig hat der Vampir durch die Profanisierung unserer Gesellschaft Eingang gefunden in fast alle Bereiche des täglichen Lebens. Vielerorts begegnen uns heute harmlose Vampire: in der Werbung oder als Produktname, sei es als Staubsauger oder als Parfüm. Die Liste kann beliebig fortgesetzt werden: Es gibt wunderschöne Kinderbücher, Theaterstücke und Sonstiges zu diesem Thema. In einigen Bereichen hat der Vampir seinen Schrecken verloren. Aber auf der anderen Seite transportieren Belletristik und Film den Mythos immer weiter. Und solange wir unsere Welt nicht verstehen, wird der Vampir weiter existieren und den Archetypus unserer Angst vor dem Tod und der Sinnlosigkeit des Seins darstellen. Davor kann auch der Versuch der Banalisierung nicht schützen. Und solange unsere Psyche von mythischen Bildern beherrscht wird, ist es nicht verwunderlich, dass der Vampir in so vielen unterschiedlichen Kulturen auftaucht.

Die Botschaft aus dem Abgrund ist klar. Es herrscht eine dunkle Vitalität überall in der Welt. Es ist eine Kraft, die Bram Stoker in seinem Roman „Dracula" verkörpert hat, die Leben sucht, Leben fordert und Leben aussaugt und verzehrt.

Diese Kraft ist es, die uns verführt. Denn das Böse ist nicht in uns selbst. Es kommt von außen und steckt uns an. Alle bösen, unreinen und unmoralischen Gedanken und Gefühle werden auf Alpträume und Fabelwesen projiziert und damit nach außen verlagert. Die Angst vor Strafe für die eigene Schlechtigkeit wird damit zur Angst vor bösen Geistern. Aber diese Angst

Teufel-Darstellung. Radierung von *Gustave Doré*: Der Satan wird von einem Wesen des Lichts zu einem Geschöpf der Finsternis. Die Flügel sind fledermausartig, das Haar besteht aus Schlangen, die Füße aus Hufen.

hat auch immer etwas seltsam Faszinierendes, denn man sehnt sich danach, den Zwängen zu entkommen, so wie die Jungfrau sehnsüchtig auf den Vampir wartet. Er infiziert sie mit dem Bösen durch seinen Biss. Vampirismus ist ansteckend!

Der Mythos wird sich wandeln. Die zunehmende Atheisierung der Welt wird auch den Glauben an den Vampir verändern. Denn der Vampir ist und bleibt ein theologisches Wesen. Und solange wir in den Strukturen unserer moralisch orientierten Weltordnung leben, wird die Angst vorhanden sein. Und mit der Angst kommen die Gespenster. Angst vor moralischem Verfall, vor Chaos und Katastrophen wird den Vampir immer wieder neu erstehen lassen, in seiner ganzen dämonischen Kraft und Faszination.

Aber ... Vampire gibt es doch gar nicht – oder doch?

LILITH UND DER SÜNDENFALL

Am Anfang eines Buches über Vampire und Nachtdämonen ist es notwendig, der Frage nachzugehen, wo diese Gestalten herkommen und wie sie entstanden sind.

Da die Vampire Wesen mit religiösem und theologischem Hintergrund sind, lässt sich diese Frage nur aus der theologischen Tradition beantworten. Vampire entstanden, als sich die Gottheiten in gute und böse schieden. Während in den frühen Kulturen Götter und Göttinnen alle Aspekte in sich vereinten, wurden diese aufgespalten, als die von der Natur geprägten Erdkulte durch die geistig geprägten – mehr männlichen – Himmelskulte abgelöst wurden. Der Ort der Schöpfung wird in den Himmel verlegt, die Natur wird dadurch dämonisiert, denn Natur bedeutet Sterblichkeit und Ohnmacht. Der Geist, der Kopf ist Freiheit. Die Verdrängung des Todes bedeutet Abkehr von der Erde, die alles Leben gebiert, aber auch wieder in sich hinabzieht.

Die Geschichte, die davon erzählt, warum es Dämonen auf der Welt gibt, taucht in ähnlicher Form in allen Kulturen der Welt auf. In der jüdisch-christlichen Tradition wird sie so erzählt:

Als Gott Adam erschaffen hatte, stellte er fest: „Es ist nicht gut, dass der Mensch alleine sei". Daher erschuf er ihm eine Gehilfin, ebenfalls aus Erde, und nannte sie „Lilith". Sobald sie geschaffen war, begann sie einen Streit und sagte: „Weshalb soll ich unten liegen? Ich bin ebensoviel wert wie Du, und wir sind beide aus Erde geschaffen". Aber als Lilith sah, dass sie Adam nicht überwältigen konnte, sprach sie den unaussprechlichen Gottesnamen aus und flog in die Luft. Adam betete und sagte: „Herr der Welt, die Frau, die Du mir gegeben hast, ist von mir weggegangen". Darauf sandte Gott drei Engel, die sie zurückbringen sollten. Diese sagten zu ihr: „Gott hat beschlossen, wenn Du zurückkehren willst, ist es gut. Wenn nicht, musst Du als Strafe es auf Dich nehmen, dass jeden Tag hundert Kinder von Dir sterben." Die Engel suchten Lilith und fanden sie im reißenden Wasser, in demselben Wasser, in dem später die Ägypter ertrinken sollten. Sie meldeten ihr den göttlichen Befehl. Sie aber weigerte sich, zurückzukehren ...

So steht es in einer Schrift aus dem 9. oder 10. nachchristlichen Jahrhundert, die keinen Eingang in die Bibel gefunden hat, aber offenbar während des ganzen späten Mittelalters weiteste Verbreitung fand.

Warum ist diese Geschichte so interessant? Sie erklärt die beiden unterschiedlichen Stellen der Genesis über die Erschaffung der Frau, die sich ansonsten widersprechen müssen, denn nach dem Bericht des Priesterkodex

Die erste bildliche Darstellung der Todesgöttin Lilith, Terrakotta-Relief aus Sumer, um 1950 v. Chr. Die ‚Eulen-Göttin', häufig gleichgesetzt mit der archaischen Großen Mutter oder Dreifachen Göttin, ist als Mischung aus Vogel und Mensch dargestellt. In ihren Händen hält sie die Schlüssel des Lebens. Nach christlichen Legenden stand die Eule für Ungehorsam gegen Gott und galt als ‚Nachthexe', die zu Liliths Töchtern, den Lilim, gehöre.

in Genesis 1,26 ff wurde das erste Menschenpaar gleichzeitig aus der gleichen Erde geschaffen. Demgegenüber steht in Genesis 2,21 ff der stark abweichende Bericht, nach welchem Eva aus einer Rippe Adams geschaffen wurde. Wenn man es logisch betrachtet, muss es sich also um zwei Frauen handeln. Und tatsächlich ist dies in der jüdischen Mythologie auch so. Hier finden sich viele Hinweise auf diese andere Frau, Lilith mit Namen. So wird im Buch Raziel der Kabbala Lilith als die erste Eva bezeichnet.

Allerdings wissen wir heute, dass die biblischen Texte so zu interpretieren sind, dass der erste Text aus dem Priesterkodex der Genesis zeitlich um ca. 500 vor Christus verfasst wurde und der zweite ein Text des Jahwisten ist, der wesentlich älter ist und etwa 900 vor Christus entstand.

Warum sich die Eva-Version durchgesetzt hat, lässt sich ganz einfach erklären. Im Priesterkodex wird die Frau nach dem Manne erschaffen, was be-

Lilith-Darstellung auf einem persischen Amulett.

Die mit einem gekrönten Frauenhaupt versehene „Lilith-Schlange" hat Adam und Eva verführt, Äpfel vom Baum der Erkenntnis zu essen. Illustration aus dem Bibelkommentar des Nikolaus von Lyra, 1459/62.

Demonstration und Illustration des männlich geprägten Weltbilds:
William Blake (1757–1827) *Die Erschaffung Evas,* 1808.

Die Wiedergeburt der Aphrodite. Marmorrelief ca. 470 v. Chr. Trotz ihrer Rolle als Liebesgöttin wurde Aphrodite jährlich gereinigt als Jungfrau wiedergeboren.

deutet, dass sie dem Mann überlegen ist. Denn im Priesterkodex bewegt sich die Schöpfung von unten nach oben. Das Wichtigste und Beste kommt als Letztes. Im Dokument des Jahwisten ist die Reihenfolge umgekehrt. Die besten und wichtigsten Dinge kommen zuerst: Pflanzen und Tiere werden nach dem Menschen erschaffen. Da die Frau als letztes Wesen überhaupt erschaffen wird, und das noch aus der Rippe des Mannes, kann man erahnen, welche Bedeutung der Frau zukommt. Religionswissenschaftlich bedeutet dies den endgültigen Sieg der Himmelskulte der männlichen Religionen über die weiblichen Erdkulte.

Die jüdische Repräsentantin der Erdkulte aber ist Lilith. Sie ist die Frau, die dem Mann nicht unterlegen sein will. Sie will beim Geschlechtsverkehr nicht unten liegen. Sie verkörpert das weibliche Prinzip der früheren Religionen und gleichzeitig die Frau in ihren zwei Bedeutungen als Mutter und Geliebte. Als furchtbare Mutterfigur hat sie viele Entsprechungen in der Gruppe der Unterwelt und der Todesgöttinnen, z. B. Kali in Indien oder Gorgo in der vorgriechischen Mythologie. Und als Verführerin und Geliebte, Aphrodite, Athene, Loreley ...

Lilith musste sich nach der missglückten Verbindung mit Adam auf die Nachtseite zurückziehen, da sie Adam ernsthaft gefährdet hatte. Sie floh zusammen mit anderen Dämonen an einsame Orte. Dies wird auch im Alten Testament belegt.. In Jesaja 34,14 steht: „Wüstenhunde und Hyänen treffen sich hier, die Bocksgeister begegnen einander. Auch Lilith (das Nachtgespenst) ruht sich dort aus und findet für sich eine Bleibe."

Danach verschwand Lilith aus der kanonischen Bibel, aber ihre Töchter, die Lilim, verfolgten die Männer mehr als tausend Jahre lang. Bis weit ins Mittelalter hinein stellten die Juden noch Amulette her, um die Lilim, lüsterne Dämoninnen, fernzuhalten, die sich gern mit Männern in deren Träumen paarten und so nächtliche Samenergüsse hervorriefen. Die Griechen übernahmen die Gestalten der Lilim und nannten sie Lamie, Embusee oder Töchter der Hekate. Auch die Christen übernahmen sie und nannten sie Höllenhuren oder Succubi, das weibliche Gegenstück zu den Incubi, den Teufeln, die mit den Hexen verkehren. Ihre schändlichen Taten sind ausführlich im „Hexenhammer", dem ‚juristischen Handbuch' für Fragen der Hexerei von 1487, belegt. Dort wird unter Berufung auf Thomas von Aquin gefragt, warum dem Teufel von Gott größere Hexenmacht über den Beischlaf als über andere menschliche Handlungen gegeben wird. Die Antwort lautet: „Wegen der Scheußlichkeit des Zeugungsaktes und weil dadurch die Erbsünde auf alle Menschen übertragen wird."

Als Quelle hierfür wird auch eine Stelle des Alten Testamentes angeführt, in der beschrieben wird, dass sich die Göttersöhne mit den Menschenfrauen einließen (Genesis 6,1 ff). Die Söhne Gottes (wahrscheinlich die Engel) kamen danach auf die Erde, um mit Frauen zu schlafen, die dann Riesen gebaren. Diese Riesen nahmen sich wieder Frauen und brachten ihnen Zauberei bei. Dies waren die ersten Hexen.

Die Dämoninnen der Wollust
von Gustave Doré.

Die Dämoninnen der Wollust

Diese spezielle Form der Vampire, die usprünglich aus der katholischen Tradition stammt, konzentriert sich auf einen anderen Lebenssaft als das Blut, nämlich auf das Sperma. Es handelt sich dabei nicht um aus den Gräbern aufsteigende Untote, sondern um Dämonen, die bereits als solche auf die Welt gekommen sind. In der katholischen Lehre ist es etwas Heiliges, wenn der Körper im Grab nicht verwest. Insofern hatten die Theologen Probleme, den vorhandenen Volksglauben an Vampire zu erklären. Sie leiteten ihn darum um auf die Incubi und Succubbi. Der Vampir oder die Vampirin in unserem heutigen Wortgebrauch sind dagegen griechisch-orthodoxen Ursprungs.

Die griechisch-orthodoxe Kirche brauchte Ersatz für das von ihr verworfene Fegefeuer. Die Unverweslichkeit einer Leiche ist ein Zeichen ihres

Hexensabbat. Holzschnitt von Hans Baldung Grien, 1510.

Blocksberge sind Treffpunkte der Hexen und Teufel: „Hexensabbat auf dem Blocksberg", aus: J. Praetorius, *Blockes-Berges Verrichtung*. Leipzig 1668/69.

Fluches. Darum bildete sich folgende Lehre heraus: Der Teufel bemächtigt sich des unverweslichen Leichnams und benutzt ihn als Maske, um die Überlebenden, zumeist Verwandte, so lange zu plagen, bis diese einen Priester rufen, der den Leichnam vom Fluch befreit. Eine Regelung, die ebenso einträglich ist wie das Fegefeuer.

Sehnsucht am Sarg Draculas – Filmszene mit Linda Hayden und Christopher Lee aus *Taste the Blood of Dracula (Wie schmeckt das Blut von Dracula?)*, 1969.

Gegen 1500 wandelte sich dann der kollektive Wahn auch direkt gegen Lebende, nämlich gegen die als Hexen verfolgten Frauen. Hexen zählten übrigens zu den blutsaugenden Wesen. Die Hexenfurcht und die daraus resultierenden Mythen waren kein auf Europa beschränktes Phänomen, sondern praktisch weltweit verbreitet. Das Wort „Hexe" kommt wahrscheinlich von dem althochdeutschen Wort „Hagazussa", was soviel wie „Waldgeist" oder „Gespenst" bedeutet. Aus Hagazussa wurde Hexussa und daraus Hexe. Das Wort „Hexe" tauchte ab dem 13. Jahrhundert auf und setzte sich in der Bedeutung „die böse Frau" durch, egal was sie tat: Gift mischen, Wetter machen, mit dem Teufel buhlen usw.

Der weibliche Mensch galt als magisch-intuitiv höher begabt, als ein Geschöpf mit umittelbarem Zugang zur Geisterwelt und zu den Dämonen, woraus eine ständige Ausgesetztheit gegenüber der Nachtseite und dem teuflischen Wesen abgeleitet wurde. Die sexuelle Verbindung mit dem Teufel (Teufelsbuhlschaft) oder entsprechenden Dämonen kam immer wieder zur Sprache. Hexen wurden überall als nur noch teilweise menschliche Wesen angesehen, die bereits weitgehend der dämonischen Welt unterworfen waren, sich selbst in Tiere verwandeln konnten, oft die Flugfähigkeit körperloser Geister besaßen, den Mitmenschen Lebenssaft entzogen und kannibalischen Sitten zugetan waren.

Aus Sicht der mittelalterlichen Menschen waren die Übergänge zwischen

Eine Hexe verführt zwei Männer – Holzschnitt von 1531.

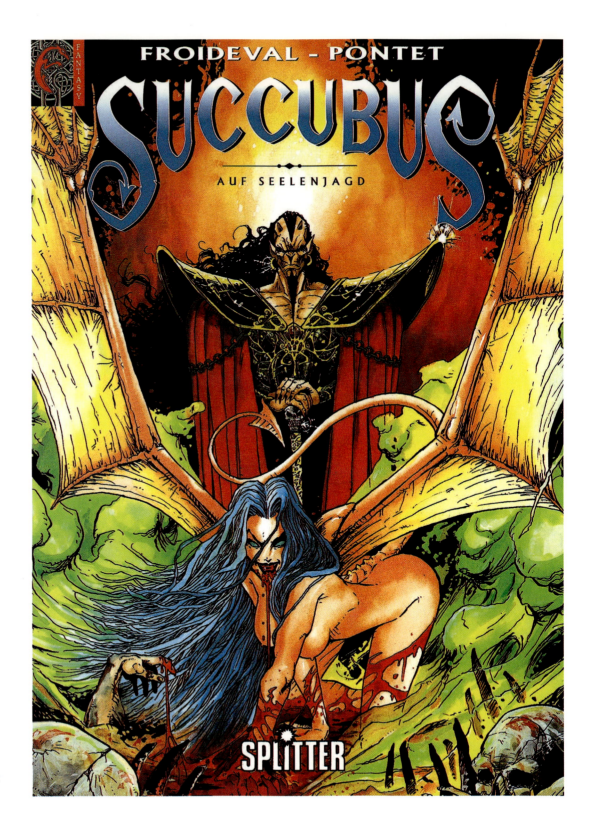

Ein Succubus aus dem 20. Jahrhundert – Comic aus dem Jahre 1996: *Succubus auf Seelenjagd*.

dämonisierten Menschenfrauen und Dämonen in Menschengestalt fließend. Oft war also nicht genau zu unterscheiden, wann ein solches Wesen aus der außermenschlichen dunklen Geisterwelt stammte oder nur einen Scheinleib angenommen hatte oder ob es sich, durch dämonische Kräfte verführt, als ursprüngliche Menschenfrau der nachtseitigen Welt anheimgegeben hatte.

Die Vernichtung von ‚Hexen' wurde daher häufig nicht als Tötung eines Menschen, sondern als Auslöschung eines Dämonen angesehen. Die Wurzeln des Hexenglaubens und der Hexenfurcht liegen nach Meinung vieler Experten in Alt-Mesopotamien. Dort herrschte die Ansicht, die Hexe nehme dem Mann die Potenz und der Frau ihre Reize. Es heißt dort auch, dass Hexen Staub oder Erde, worauf der zu Behexende getreten war, zu Figuren formen, mit Wachs oder Talg vermengen und dann dort unter magischen Zauberriten ihre Opfer manipulieren und ihnen schaden könnten – die gleichen Elemente wie in der Schöpfungsgeschichte.

Auch die Knusperhexe des deutschen Volksmärchens, die kannibalisch veranlagt ist, ist keineswegs ein Einzelfall, sondern der Normalfall im Angstkomplex des Hexenglaubens.

Aus der in der damaligen Zeit herrschenden männlichen Perspektive ist das Wichtigste bei all diesen Figuren jedoch die Möglichkeit zur Verführung, nämlich aufgrund von Weiblichkeit zu verführen. Die Sexualität (das Fleisch) ist das Tierische im Menschen. Sie ist es, die den Menschen in den Kreislauf von Natur und Tod einreiht, in den Kreislauf von Gebären und Sterben und somit weiblich. Sie ist die Vampirin, egal welcher Ausprägung, wollüstig und ausschweifend, unwiderstehlich und herzlos grausam. Wie der männliche Vampir hat die Vampirin volle rote Lippen. Vermutlich sind sie das Ergebnis des Blutsaugens, doch traditionsgemäß werden sie im Volksglauben auch als Zeichen übermäßiger Sinnlichkeit angesehen. Selbst „makellose reine Männer" unterliegen ihrem schrecklichen Zauber.

Manche Legenden spannen das erotische Thema noch weiter, indem sie Instruktionen geben, wie man das Grab des Geschöpfes erspüren kann, wenn es schläft. Ein unberührter Junge oder ein unschuldiges Mädchen sollen nackt auf einem rabenschwarzen unberührten Hengst, der noch nie gestolpert ist, über den Friedhof reiten. Man sagt, das Pferd würde scheuen, wenn es an das Grab eines Vampirs gelangt.

Mit dem Emporkommen des Bürgertums im 18. Jahrhundert wurde das Vampir-Motiv zusehends sexualisiert. Denn das Geschlechtliche war aus dem pietistisch-bürgerlichen Bewußtsein ausgegrenzt und immer unaussprechlicher geworden. Aus dem wissenschaftlichen Diskurs ausgegrenzt, schlich es sich in die Gruselgeschichten ein, chiffriert, entstellt und pervertiert. Das Grab als einzig möglicher Ort der Liebesvereinigung wurde in der ‚Schwarzen Romantik' zum literarischen Allgemeinplatz.

Sogar die Mediziner machten, wenn sie von Sexualität sprachen, durchaus Anleihen beim Vampirismus. Sperma galt als eine noch konzentriertere

Eine Szene aus dem Walt-Disney-Film *Schneewittchen und die sieben Zwerge*, voller Symbole: die böse Hexe, die gute Jungfrau und der Apfel mit guter und vergifteter Hälfte.

Form der Lebensenergie als das Blut. Die Sexualität, die dem Mann das Sperma raubte, gefährdete somit seine Kraft. Die Frau war eine Krankheit zum Tode.
Tatsächlich wurde der Vampir in Literatur und Malerei gegen Ende des 19. Jahrhunderts meistens weiblich dargestellt. Die ‚Femme fatale' oder der Vamp waren sexuell gierige, morbide, ausbeutende und männermordende Frauen.
Die Gestalt der Hexe kehrte angesichts der unwirklichen Idealbilder der keuschen, immer auf Anmut und Anstand bedachten denaturierten Frau wieder.
Und sie hat sich bis heute gehalten.

AM ANFANG WAR DAS BLUT

Wir alle dürsten nach dem Leben. Wir begehren, wir wünschen, wir wollen leben um jeden Preis. Aber das Leben ist ohne den Tod nicht denkbar und das Gute nicht ohne das Böse. Das Bindeglied zwischen Gut und Böse, zwischen Leben und Tod ist das Blut. So war es in allen Mythen und auch in vielen Religionen. Jedoch mit einem großen Unterschied. Das heilige Blut des Lebens war in den Mythen der Frühzeit weiblich und real, und erst später wurde es männlich und symbolisch besetzt. Wenn Frauen ihr Blut nicht von sich gaben, entstand ein Kind. Männer betrachteten dieses Blut mit heiliger Furcht. Sie sahen es als Essenz des Lebens, das unerklärlicherweise ohne Schmerzen vergossen wurde und männlicher Erfahrung völlig fremd war.

Auf der anderen Seite sah man auf dem Schlachtfeld, wenn Blut floss, dass jemand starb. Blut war und ist der Sitz des Lebens. Auch wenn das weibliche Blut, das Menstruationsblut, verdammt wurde und das männliche erhöht, änderte sich nichts an der mystischen Bedeutung des Blutes. So heißt es im Brief an die Hebräer 9,22: „Fast alles wird nach dem Gesetz mit Blut gereinigt, und ohne dass Blut vergossen wird, gibt es keine Vergebung."

Sowohl der Bund des Alten Testamentes wird mit Blut besiegelt als auch der neue Bund des Neuen Testamentes. Nicht mit dem Blut von Böcken und jungen Stieren, sondern mit seinem eigenen Blut hat Jesus die Erlösung bewirkt. Die Besiegelung des alten Bundes drückt gleichzeitig aber auch die Besonderheit des Blutes aus: „Denn des Leibes Leben ist aus Blut und ich habe es Euch für den Altar gegeben, damit Ihr entsühnet werdet. Denn das Blut ist Entsühnung, weil das Leben in ihm ist. Darum habe ich den Israeliten gesagt: Keiner von Euch soll Blut essen, auch kein Fremdling, der unter Euch wohnt." (3. Buch Moses, 17,11–14).

Blut hat für den Menschen eine symbolisch erlösende Funktion. Blut ist immer Leben. Blut zu sich zu nehmen, ist also sehr stark mit einem Wiederbeleben assoziiert. Blut herzugeben, ist dagegen mit Sühne verbunden. So ist es nur logisch, dass der Vampir Blut saugt als eine Art Transfusion. Zum einen gibt es ihm Kraft und Leben, um auch als Untoter weiter existieren zu können. Zum anderen ist es eine Herausforderung Gottes, die Überwindung des Todes durch das Blut. Denn der Tod ist für die meisten Menschen das größte Schrecknis. Die meisten Völker versuchen daher, den Tod als Ende zu eliminieren und umzudeuten in einen Ritus, der nur transformiert. So kommt es weltweit zu der Annahme, dass es den Tod als Ende gar nicht gibt, gar nicht geben darf.

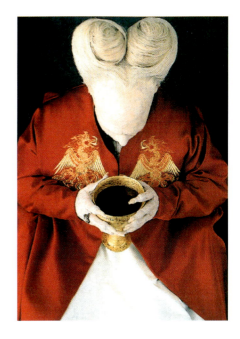

Blutsauger mit Getränk – Gary Oldmann in Francis Ford Coppolas *Dracula* (USA, 1992).

Pest. In der Luft koch ich Verderben und was athmet – es muss sterben, Holzschnitt von Carl Gottlieb Merkel (Illustrator) und Johann Gottfried Flegel (Stecher), 19. Jahrhundert.

Ein Untoter wird zur Ruhe gebracht – Albert Decaris, Illustration zu *Le Vampire* von Jean Mistler.

Es scheint tatsächlich kein Volk zu geben, das ein Weiterleben nach dem Tode ausschließt. Dennoch gibt es zahlreiche Völker, die zwar an ein Leben nach dem Tod, nicht aber an ein ewiges Leben glauben. Die größte Sehnsucht des Menschen ist es, ewiges Heil zu erlangen. Jede Religion verspricht ihren Gläubigen Heil, was im Grunde genommen ewiges Leben ohne Leid bedeutet. Wer den Weg gehe, den die Religion und die Vorväter weisen, brauche den Tod nicht zu scheuen.

Gemeinsam scheint allen Ideologien zu sein, dass der Tod nur ein Durchgangsstadium zum eigentlichen Leben im Jenseits ist. Der wirkliche Tod findet daher in den traditionellen Religionen gar nicht statt. Die Beerdigung wird für sie und ihre Gläubigen zum Ritus, dem Übergang ins jenseits selige Sein.

Und doch gibt es eine tiefverwurzelte Angst vor der Sinnlosigkeit der eigenen Existenz. Und obwohl wir jeden Moment vom Tod umgeben sind, versuchen wir, ihn zu negieren. Alle Zivilisationen hatten Probleme mit dem Tod, die sich mit der zunehmenden Hinwendung zum Diesseits auch in einen Unsterblichkeitswahn steigerten. Die Entwicklung des Todesmotives ist ein ganz wesentliches Moment des Vampir-Mythos. Es geht dabei – trotz aller religiösen Heilsbotschaften – hauptsächlich um die Dämonisierung des Todes als etwas furchtbar Schlimmes, Unheil bringendes. Auf der anderen Seite findet sich die Erotisierung des Todes, dessen Höhepunkt die Schwarze Romantik des 18. und 19. Jahrhunderts war und die gegen Ende des 20. Jahrhunderts wieder intensiv aufflackerte. Diese Romantisierung drückt sich darin aus, dass der Sexualakt wie der Tod zunehmend als Überschreitung aufgefasst wird, der den Menschen aus seinem Alltagsleben, aus seiner verstandesgeprägten Gemeinschaft und seiner monotonen Arbeit herausreißt und später wieder unvermittelt hineinstürzt. Der Sexualakt als auch der Tod ist ein Bruch.

Das Erlebnis des Bruchs wird noch dadurch verstärkt, dass die Aufklärung mit ihrem rationalistischen Glauben an Naturwissenschaft und Fortschritt eine solche Unwägbarkeit wie den Tod gar nicht zulassen konnte. Der Tod wird der Todfeind allen Lebens, verklärt und ausgegrenzt, nicht zum Leben gehörend. Die Wahrnehmung des Todes veränderte sich gegenüber früheren Zeiten also radikal: Während er vormals als natürlicher Schicksalsschlag gewürdigt wurde, drückte sich im Mittelalter in ihm das Schicksal des Einzelnen aus. Hier stellte sich der mittelalterliche Mensch als Individuum dar. Ein Grund dafür, warum Epidemien als so schlimm angesehen wurden. Der individuelle Tod wurde dem Menschen von bösen Mächten genommen. So ist es kein Wunder, dass der Vampir der ‚Pestbote' war, der stinkende Atem des Vampirs brachte den Schwarzen Tod.

In vielen Berichten wird kundgetan, dass ein entsetzlicher Geruch dem Grabe entströme. Der Atem des Vampirs stinke entsetzlich wegen seiner blutigen Nahrung. Auch das Erscheinen eines Vampirs werde oft durch einen abstoßenden Geruch angekündigt. Dieser Gestank wirkte wie das Symbol einer drohenden Seuche und wurde häufig auch so interpretiert. So schreibt schon im Jahr 1196 der Historiker William von Newburgh von einem „geilen Gatten", der aus dem Grab zurück kam, um die Menschen in seiner Heimatstadt in Schrecken zu versetzen. „Die Luft wurde so unrein und vergiftet, als dieser stinkende und verderbliche Körper umherwanderte, dass eine schreckliche Seuche ausbrach. Es gab kaum ein Haus, das keinen Toten zu beklagen hatte und bald schien die Stadt, die kurz zuvor noch dicht bevölkert gewesen war, fast völlig verlassen. Denn jene, welche die Pest und die gemeinen Angriffe überlebt hatten. entfernten sich hastig in andere Gebiete, um nicht ebenfalls umzukommen. Trotzdem gab es allerdings einige mutige Männer, die dem lebenden Leichnam folgten und ihn vernichteten, indem sie den Kopf mit einem Spaten abhieben und den Körper dann verbrannten ... Kaum war das höllische Ungeheuer beseitigt, als die Seuche, die das Volk so übel zugerichtet hatte, völlig einhielt, als sei die verunreinigte Luft durch das Fenster gesäubert worden, indem die Höllenausgeburt, welche die ganze Atmosphäre angesteckt hatte, verbrannt wurde." (Farson: Vampire und andere Monster, S. 23 f)

Titelbild des Buches von J. R. v. Loewenfeld, *Sie steigen aus den Gräbern. Märkische Novellen.*

Tod und Eros

Gerade in Zeiten von Seuchen wurden immer wieder „Beweise" für Vampire gefunden. Diese fußten nicht zuletzt darauf, dass auch Menschen zu den Friedhöfen gebracht wurden, die noch lebten, aber für tot gehalten wur-

Antoine Wiertz,
L'Inhumation précipitée
(*Überstürzte Bestattung*, 1854),
Ölgemälde.

Hans Baldung Grien (1484/85-1545)
Tod und Mädchen (1517): Der Tod packt die obere Haarsträhne und scheint das Mädchen in das Grab zu drängen. Die ausgestreckten Finger verstärken die Unerbittlichkeit der Gebärde. Er „mahnt das Opfer, sich in das Grab zu begeben oder dahin zurückzukehren", so die Interpretation von J. Wirth, der darin das vorreife Sterben eines jungen Mädchens mit dem Toten als Wiederkommer sieht. (*La jeune fille et la mort*, 1979).
Der Tod und die Frau (um 1518/20): Der Tod ist hinterrücks über die Frau hergefallen, umgreift sie mit seinen Beinen, fasst sie am Kopf und neben der linken Brust und beisst mit den Zähnen in ihre linke Wange und Mundecke. Dies wird in neuerer Zeit als ein Hinweis auf Vampirismus interpretiert.

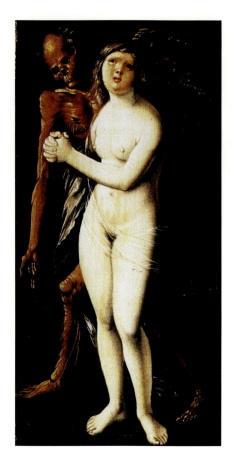 

den. Auch das Phänomen des Scheintods sowie das Bewohnen von Grüften durch Obdachlose trugen zum Vampirmythos bei.

Mit der beginnenden Neuzeit verlor der Tod zunehmend seine Alltäglichkeit. Er wurde verklärt und ausgeklammert. Er wurde verdrängt, und Verdrängtes macht sich auf andere Weise bemerkbar. Tod und Blut gehören unmittelbar zusammen und Blut zu sich nehmen, ist Erlösung, ob moralisch oder unmoralisch.

Und so ist es nicht verwunderlich, dass der Vampir in seinen heutigen Ausprägungen eine Ausgeburt des späten dualistisch denkenden Christentums darstellt. Wie der Teufel die Gegenvorstellung oder der abgespaltene Teil des lieben allgütigen Gottes, so ist die Hexe die Gegenvorstellung zur unendlich milden und asexuellen Maria und sind die Helfer des Teufels das Gegenstück zu den Engeln. So kann der Vampir zumindest in seiner machtvollen Ausprägung insbesondere in der Figur des Grafen Dracula des 19. Jahrhunderts als Gegenstück zu Christus gesehen werden. Beide sind durch ihre leibliche Auferstehung lebende Tote und damit Verleugner des Todes. Christus vertrat – modern ausgedrückt – eine „masochistische" Position: „Ich bin rein und gut, d. h. asexuell, unaggressiv und auf alles verzichtend.

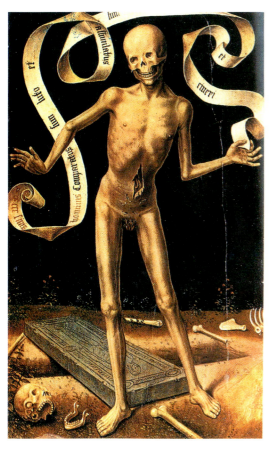 

Hans Memling
(1433/40-1494)
Aus dem Straßburger
„Triptychon der Irdischen Eitelkeit und der Himmlischen Erlösung" (1485).
links: La Mort (Der Tod).
rechts: Vanité (Vanitas).
Eitelkeit als Symbol der Sünde und der Nichtigkeit dessen, was in sich keinen Wert hat, verderbt ist. Der Tod hat ein leichtes Spiel, er rafft sie hinfort.

Totengräber bestatten Pestopfer,
Illustration aus einer Handschrift des 14. Jahrhunderts.

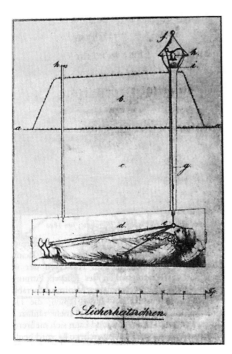

Ein Entwurf für einen ‚Sicherheitssarg' für den Fall der Fälle (Kaiserliche Patentschrift aus dem 19. Jahrhundert): Scheintote sollten über die Glocke an der Röhre die Außenwelt alarmieren können.

Ich habe mich martern lassen für Euch. Ich opfere mich für Euch. Hier ist mein Blut, hier ist mein Leib. Werdet eins mit mir, indem Ihr mich trinkt und eßt, damit Ihr so rein werdet wie ich und gleich mir ein ewiges Leben im Himmelreich führt und nicht wirklich sterben müßt."

Der mächtige erotische Vampir vertrat die „sadistische" Gegenposition: „Ich bin unrein und böse, d. h. sexuell aggressiv und maßlos gierig. Gebt Euch mir hin, werdet meine Opfer. Ich martere Euch und trinke Euer Blut, damit Ihr eins werdet mit mir und ich nach meinem Tod weiterleben kann und Ihr sterbt und so böse, unrein und gierig werdet wie ich und meine Sünden auf Euch kommen und Ihr gleich mir ein ewiges Leben in der Verdammnis führt und nicht wirklich sterben könnt."

So war und ist der Vampirmythos ein Versuch, die dunklen Seiten der menschlichen Seele auszuloten und halb spielerisch, halb im Ernst in Bildern über sie zu sprechen. Auch durch die Entdeckung des Unbewussten als Sitz der unsozialen Strebens des Menschen und der Konzeption der modernen Gesellschaft auf ein ausschließlich diesseitiges Leben ist es nicht gelungen, diesen Mythos zu verdrängen. Denn immer wieder begegnet man der Frage ‚was kommt danach?' Kommt wirklich nichts mehr oder wissen wir es einfach nicht?

Und genau in diesem Spannungsverhältnis zwischen Leben und Nicht-totsein-Wollen, Sterben und Weiterleben nach dem Tod, liegt die Existenz des Vampirs. Er gibt den Menschen das rituelle Opfer, das sie selbst erlöst. Sie brauchen den Blutzoll als Symbol für die Gefahr des Vergehens und der Unmoral. Und Moral funktioniert nur über den Begriff der Sünde. Das Gute ist ohne das Böse nicht denkbar.

Im Zusammenhang mit der Bedeutung des Blutes für den Vampirmythos wird immer wieder die historische Figur der Gräfin Bathory genannt, die als „Blutgräfin" in die Geschichte Eingang gefunden hat. Elisabeth Bathory lebte von 1560 bis 1614 und war von höchstem ungarischem Adel. Sie wurde sehr jung mit dem Grafen Franz Nadasdy vermählt und hatte keine Kinder, was zu der damaligen Zeit als Stigma galt. Die Legende erzählt, dass sie sich sehr oft einsam gefühlt hat, wenn sich ihr Gatte in Feldzügen insbesondere gegen die Türken austobte und auszeichnete. Sie verfiel dem Wahn, ihre Jugend und Schönheit erhalten zu müssen. Ihre Wahnidee war, dass jungfräuliches Blut das beste Mittel sei, um jung und schön zu bleiben. So entwickelte sie ausgesprochen grausame und sadistische Neigungen, die sie ausschließlich an „Jung-Frauen" auslebte. Während es am Anfang in der Regel Dienstmägde waren, die sie sich als Opfer erkor, waren es später auch Töchter aus vornehmen Familien, die ihr zugeführt wurden, um sie in das gesellschaftliche Leben einzuführen.

Die Legende will wissen, dass die Gräfin mit Hilfe eines verkrüppelten Pagen (!) und dreier Dienerinnen mehrere hundert Mädchen zu Tode gefoltert und in ihrem Blut gebadet habe. Erst 1610 wurden Elisabeth und ihre Komplizen verhaftet und verurteilt. Ihre gesellschaftliche Stellung hatte bislang

Die „Blutgräfin" Erzsébet Báthory, wie sie im 20. Jahrhundert phantasiert wird – Georges Pichard, *La comtesse rouge* (1985).
Unten: Ein zeitgenössisches Porträt

dafür gesorgt, dass ihr nichts geschah. Die Dienstboten wurden zum Tode auf dem Scheiterhaufen verurteilt, während die Gräfin, um den Namen Barthory zu wahren, nicht hingerichtet wurde, sondern an dem Platz eingemauert wurde, der der Hauptschauplatz ihrer Verbrechen war: in ihrem Schlafzimmer in der Burg Csejthe. Dort starb sie nach vierjähriger Gefangenschaft.

Diese 500 Jahre alte Geschichte wird insbesondere deshalb auch heute noch weiter transportiert, weil sie so eindeutig die Zusammenhänge herstellt wie kaum eine andere. Gräfin Barthory ist das „Vorbild" aller modernen Vampirinnen, so wie Vlad Tepes das „Vorbild" für Graf Dracula ist.

Bekanntestes Porträt von *Vlad Draculea,* Gemälde aus dem 16. Jahrhundert.

Graf Dracula – Der Fürst der Walachei und der Finsternis

Wer kennt sie nicht, jene Vampir-Figur aus Transsylvanien, die das 20. Jahrhundert beherrschte? Der 1897 erschienene Dracula-Roman von Bram Stoker ist weltbekannt, angeblich nach der Bibel das meistgelesene Buch und seit dem Zweiten Weltkrieg nie mehr vergriffen. In über 400 Filmen ist er die Hauptfigur, kein Kind, das ihn nicht kennt. Dabei ist er erst knapp über hundert Jahre alt.

Wir befinden uns am Ende des 19. Jahrhunderts. Die ganze Widersprüchlichkeit dieses Jahrhunderts spiegelt sich wider in seinen wissenschaftlichen Themen und seiner Literatur. Während die letzten Wissenschaftler noch an den Vampir als reales Wesen glauben, wird der Atheismus eine breite gesellschaftliche Strömung. Während der Adel noch versucht, seine Privilegien zu retten, bereiten andere die sozialistische Revolution vor. Die industrielle Produktionsweise setzt sich durch und die Naturwissenschaften treten ihren Siegeszug an. Doch irgendwo, vielleicht etwas verschüttet, sind die alten Mythen noch präsent, und da sie in der realen Welt an Bedeutung verloren haben, erobern sie die fiktive Welt der Literatur, so auch der Vampir-Mythos.

Entstanden aus den ältesten Sagen der Menschheit, wiederbelebt durch die christliche Mythologie, erscheint der Vampir im mittelalterlichen Europa als der schwarze Tod, der die Pest bringt. Im 19. Jahrhundert bringt er allerdings nicht mehr die Pest, sondern zwei andere ansteckenden Krankheiten. Zum einen die Cholera und zum anderen die Syphilis, deren Erreger erst 1905 gefunden wurde. Syphilis wird als Lustseuche angesehen. Sie entsteht durch Ansteckung beim Beischlaf oder durch bestimmte Küsse. Ihr haftete deshalb des Stigma des Unmoralischen und der Dekadenz an. Das Bild vom bösen Blut begleitete die Krankheit.

Kommt dann noch die Schwarze Romantik mit ihren Todesphantasien hinzu, sind wir wieder im Kreislauf von Blut, Lust und Tod.

Diesem Bild entspricht auch der Vampir jener Zeit. Er ist aristokratischer Herkunft, lässt sich wie ein dekadenter Territorialherr nur in Heimaterde begraben und sieht verdammt gut aus. Sein unschuldiges, reines Opfer stammt aus seinem direkten Umfeld und wird von ihm angesteckt, es gibt sich ihm wollüstig hin, und er stillt seinen Durst an ihm. Die erotisch-sadistische Vereinigung bedeutet die Überwindung des Todes, der Moral und der Ohnmacht. Sie macht frei, zügellos und ungehemmt. Sie stellt eine Bedrohung des Seelenheils dar.

Porträt von Vlad Draculea, 15. Jahrhundert.

Statue von Vlad Tepes aus dem siebenbürgischen Sibiu (Hermannstadt), Fotografie von Berthold Steinhilber.

Dracula trifft mehr als nur den Zeitgeist. Er ist die gelungene Projektion der in den vorherigen Kapiteln dargestellten Ängste, Mythen und verdrängten Sehnsüchte in einer Gestalt und verhilft darüberhinaus einem Mann zur Unsterblichkeit, der sich dieser zweifelhaften Ehre nicht erwehren konnte, Vlad Dracula, Fürst der Walachei.

Der historische Dracula

Geboren wurde Vlad als zweiter Sohn des Fürsten Vlad II. im Jahre 1431. Vlad II wurde 1431 zum Ritter des Drachenordens geschlagen und nannte sich von nun an Vlad Dracul, d.h. der Drache. Sein Sohn mit gleichem Namen nannte sich Vlad Draculea, d.h. der kleine Drache. Die Familie erhielt den Namen Draculesti. Interessanterweise bedeutet das rumänische Wort

Dracula als heldenhafter Kämpfer gegen die Türken, Glasmalerei aus Rumänien (unbekannter Künstler).

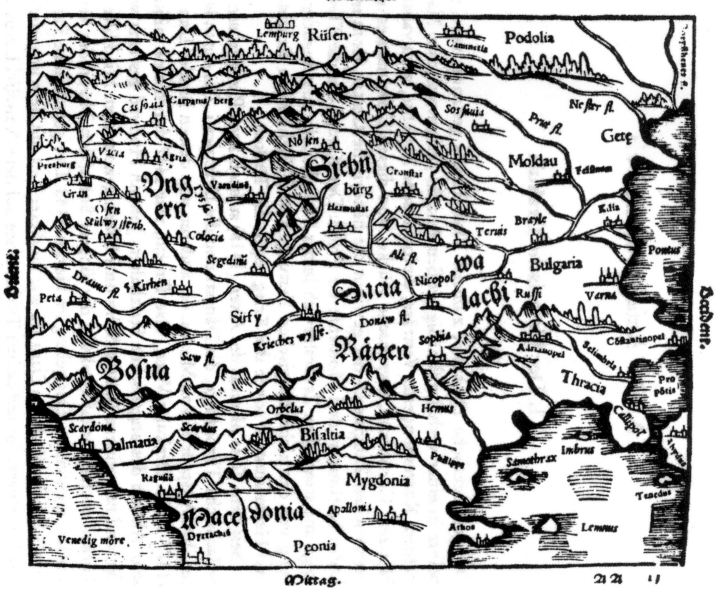

Zeitgenössische Karte Siebenbürgens, der Heimat des wirklichen Dracula.

,Dracul' sowohl Drache als auch Teufel. Vlad Dracul, der Vater also, nahm die Aufgabe, die Türken zurückzuhalten, sehr ernst. Er tat dies allerdings nicht nur mit kriegerischen, sondern auch mit recht unkonventionellen diplomatischen Mitteln: Er hinterging den ungarischen König und schloss 1444 einen Geheimvertrag mit Sultan Murat. Zur Besiegelung eines Waf-

Leider nur noch ein Rest einstiger Größe – die Ruine von Schloß Dracula, Fotografie von 1930.

links: So könnte er ausgesehen haben, der Wohnsitz von Vlad Draculea. – Ansicht der noch heute erhaltenen Burg *Hunedoàra* von János Hunyadis, einem Zeitgenossen Draculas.

fenstillstandabkommens musste Vlad seine beiden jüngeren Söhne Vlad und Radu beim Sultan zurücklassen. Vlads Politik wurde nicht von allen gutgeheißen, auch nicht von seinem Bruder, der Vlad 1447 mit Unterstützung des ungarischen Königs bzw. des Reichsverwesers Hunyadi töten ließ, zusammen mit seinem ältesten Sohn Mircea.

Ein Jahr später kehrte der zweitgeborene Sohn Vlad Draculea nach Transsylvanien zurück, während sein Bruder Radu als Geliebter des Sultans bei den Türken blieb. Draculea hatte bei den Türken gelernt, was man braucht, um zu herrschen. Am Hof des Sultans konnte er alles beobachten, was es an Intrigen, Verrat, Gemeinheiten, Täuschung, Grausamkeit und Mord gab, insbesondere auch jenes Pfählen, das Vlad später so berühmt gemacht hat. Vlad Draculea gelang es tatsächlich, wieder auf den Thron des walachischen Fürstentums zu kommen, aber schon nach zwei Monaten musste er vor den Mördern seines Vaters fliehen. Hunyadi wurde 1456 in der von den Türken eingeschlossenen Festung Semlin, die heute zu Belgrad gehört, von der Pest hinweggerafft, für Draculea ein Zeichen, das siebenbürgische Hermannstadt, wo er sich aufhielt, zu verlassen und den Inhaber des walachischen Throns, einen Günstling der Türken, zu stürzen.

Die folgenden Jahre nutzte er, um seine Herrschaft von seinem Stammsitz Tagowiste, heute Tigowiste, aus nach innen zu festigen. Sein besonderes Augenmerk galt den Bujaren, den landbesitzenden Adligen, die an der Ermordung seines Vaters und seines Bruders zumindest mit beteiligt waren. Diesen war ein starker Herrscher auf dem Fürstentum äußerst unliebsam, weil er ihre privaten Geschäfte störte. Doch Vlad Draculea wollte den

Vlad Tepes, der Pfähler, beim Essen mit aufgespießten Bujaren, Holzschnitt (frühes 16. Jahrhundert).

Kampf gegen die Türken aufnehmen. Da dies nur mit einem gut organisierten Gemeinwesen gelingen konnte, hatte er wohl kaum eine andere Wahl, als gegen die Bujaren und deren private Interessen vorzugehen. Er tat dies auf seine Weise. Er lud über 500 Bujaren zu einem Bankett ein und als alle friedlich und nichtsahnend beim Mahle versammelt waren, wurden sie verhaftet und binnen weniger Stunden gepfählt. Rund um die Burg standen an die 500 Pfähle – auf jedem von ihnen war ein Bujare aufgespießt.

Diese Aktion brachte ihm den historischen Beinamen „Vlad Tepes" ein, auf deutsch: Vlad, der Pfähler. Als seine Macht auf diese Weise gesichert war, wandte sich Vlad der wirtschaftlichen Entwicklung seines Fürstentums zu. Die Walachei wurde auf wirtschaftlichem Gebiet zu dieser Zeit von den deutschen Kaufleuten in Siebenbürgen und besonders in den Städten Kronstadt und Hermannstadt beherrscht. Die so genannten Siebenbürger Sachsen waren Deutschstämmige aus dem Rhein-Mosel-Gebiet, die bis dahin Steuerfreiheit genossen hatten. Vlad gefiel es überhaupt nicht, dass diese Kaufleute in seinem Land größere Profite machten als die eigenen Untertanen. Außerdem brauchte er Geld für seine Armee.

Er scheint die wirtschaftliche Überlegenheit der Siebenbürger, die zudem noch einen anderen Glauben, nämlich den katholischen statt des orthodoxen, hatten, als dauernde Herausforderung empfunden zu haben. Er beschnitt den Kaufleuten den Handel und besteuerte sie. Als diese seine Beschränkungen unterlaufen wollten, fiel Vlad mit einer Streitmacht 1457 in der Gegend um Hermannstadt ein, verbrannte Männer, Frauen und Kinder, plünderte Häuser und brannte sie nieder.

Doch anscheinend war der Schrecken nicht groß genug, um die deutschen Kaufleute zu verängstigen. Sie machten weiter. Zwei Jahre später brach Vlad zu einer erneuten Strafexpedition nach Siebenbürgen auf. Diesmal war Kronstadt das Ziel. Über das, was dort geschah, gibt es viele historischer Berichte, vor allem von gegnerischer Seite, die deshalb wohl als parteiisch zu betrachten sind. Trotzdem kann man ahnen, dass Vlad grausam, sehr grausam war. Sicher ist, dass mehrere tausend Menschen durch Pfählen umgebracht wurden.

Berühmt ist folgende Geschichte, die berichtet, dass der Fürst es sich unter hunderten von Pfählen bei Speis und Trank wohl sein ließ. Ein Bujar, der sich bei dem makabren Bankett zwischen den Gepfählten über den üblen Geruch zu beklagen wagte, wurde mit der Begründung, „da oben ist die Luft bestimmt besser" unverzüglich auf einen besonders langen Pfahl gespießt. All dies ist in Flugschriften und Illustrationen festgehalten. Interessanterweise sind die blutrünstigsten Beschreibungen der Untaten von Vlad Tepes in deutscher Sprache abgefasst. Sie sollten dazu dienen, Vlads Taten anzuprangern, denn er war für die Siebenbürger Kaufleute zum Staatsfeind Nummer Eins geworden.

In allen diesen Pamphleten fehlen die Darstellungen seiner Erfolge im Kampf gegen die Türken, obwohl hier einiges auf seiner Seite zu verbuchen ist. Er gewann viele Schlachten mit einer neuartigen Taktik, die aus plötzlichem Angriff, nächtlichen Überfällen und einer Kriegsführung der verbrannten Erde bestand. Viele Osmanen gerieten in seine Gefangenschaft und wurden ebenfalls gepfählt.

1462 allerdings rückte Sultan Mehmet mit einem so großen Heer an, dass es ihm nicht gelang, ihn zu überwinden, obwohl er auch hier dieselbe Taktik anwandte. Ein plötzlicher nächtlicher Angriff direkt auf das Heerlager der Türken mit der Absicht, den Sultan selbst zu töten, scheiterte kurz vor dem Ziel. Vlad musste sich zurückziehen. In der Zwischenzeit hatten die Siebenbürger Sachsen dem ungarischen König gefälschte Briefe zugespielt, die beweisen sollten, dass Vlad mit den Türken gemeinsame Sache gemacht hatte. So wurde Vlad prompt in Ketten gelegt und zwölf Jahre lang gefangengehalten. Erst 1474 erlangte er die Freiheit wieder und wurde nochmals für zwei Jahre Fürst der Walachei.

Diese Freiheit musste er sich allerdings teuer erkaufen. Er musste dem orthodoxen Glauben abschwören, katholisch werden und eine Verwandte des ungarischen Königs Matthias Corvinius heiraten. 1476 oder 1477 ereilte ihn sein Schicksal, in dem Fall die Rache der Türken. Bezahlte Mörder brachten ihn um und schafften seinen Kopf nach Konstantinopel, wo dieser öffentlich zur Schau gestellt wurde. Ein Zeichen dafür, wie wichtig die Türken diesen Gegner nahmen.

Die Charakterisierung des Vampirs im Roman

Dies alles erzählte Arminius Vambery (möglicherweise ein britischer Spion, offiziell Professor für Völkerkunde in Budapest) Bram Stoker. In seinem Roman lässt Stoker den niederländischen Professor Van Helsing, den Gegenspieler Draculas, sagen: „Ich habe meinen Freund Arminius von der Universität Budapest gebeten, mir einiges über den Mann mitzuteilen. Es muss tatsächlich jener Wojwode Dracula gewesen sein, der sich in den Türkenkriegen berühmt gemacht hat ... und noch Jahrhunderte später wurde er als der klügste und gescheiteste, aber auch als der tapferste der Söhne ‚jenseits des Wälder' gerühmt. Diese mächtige Denkkraft und Entschlossenheit hat er mit ins Grab genommen und führt sie nun heute gegen uns ins Feld." (Tagebuch Mina Harker, 30. September). Doch das war wohl auch schon das meiste, was Stoker über den echten Dracula wußte. Über den Vampir war er viel besser informiert.

Und im gleichen Kapitel erzählt uns Van Helsing, welche weiteren Gaben Dracula besitzt. Diese Beschreibung der Vampire, insbesondere ihres Meisters Graf Dracula, ist die Grundlage aller Charakterisierungen der Vampire bis heute.

„Es gibt Wesen, die man Vampyre nennt; einige unter uns haben handgreifliche Beweise dafür, dass Sie existieren."

Abraham (‚Bram') Stoker (1847-1912), Fotografie.

Der Nosferatu stirbt nicht wie die Biene, wenn sie einmal gestochen hat. Er wird dadurch nur noch stärker, und je stärker er wird, desto mehr Kraft hat er, wieder Böses zu tun. Dieser Vampyr, der unter uns weilt, vereinigt in sich die Kraft von zwanzig Männern; er ist schlauer als die Sterblichen, denn seine Schlauheit wächst im Laufe der Zeiten. Er besitzt die Gabe der Nekromantie, d. h., wie ja schon aus der Etymologie ersichtlich, die Sehergabe der Toten und unbedingte Macht über alle Toten, in deren Nähe er kommt. Er ist grausam, mehr als grausam, er ist ein Teufel an Gefühllosigkeit und ein Herz besitzt er nicht. Er kann, mit gewissen Einschränkungen, erscheinen, wann und wo und in welcher Gestalt er will; er kann innerhalb seines Machtbereiches den Elementen gebieten; dem Sturm, dem Nebel, dem Donner. Er hat auch Macht über geringere Dinge, über Ratten, Fledermäuse, Fliegen, Füchse und Wölfe. Er kann sich größer und kleiner, er kann sich zeitweilig unsichtbar machen und ungesehen kommen und gehen ... Wenn wir unterliegen, handelt es sich um mehr als Leben und Tod. Wir werden dann so wie er; wir werden von da an grässliche Nachtgespenster ohne Herz und Gewissen, die die Leiber und Seelen derer zu vernichten trachten, die sie vorher am meisten geliebt haben. Uns sind dann auf ewig die Pforten des Himmels verschlossen, denn wer sollte sie uns wieder öffnen? Wir werden für immer der Abscheu aller sein; ein Schandfleck in Gottes reinem Angesicht; ein Pfeil in der Seite dessen, der für die Menschheit gestorben ist.

... Der Vampyr ist überall bekannt, wo Menschen leben. Im alten Griechenland, im alten Rom; er spukt in ganz Germanien und Frankreich, in Indien wie auf der Krim. Sogar in China, das doch weit in jeder Hinsicht von uns abliegt, ist er bekannt und die Menschen fürchten sich dort vor ihm bis auf den heutigen Tag. Er folgt den Spuren der isländischen Berserker, der vom Teufel erzeugten Hunnen, der Slaven, Sachsen und Magyaren.

... Der Vampyr lebt weiter und kann nicht sterben, bloß weil die Zeit vergeht; er gedeiht immer weiter, solange er sich vom Blute lebender Wesen ernähren kann. Noch mehr! Wir wissen auch, dass er sich sogar zu verjüngen vermag, dass seine Lebenskraft immer größer wird und sich immer wieder zu erneuern scheint, wenn er genügend Nahrung hat; ... er ißt nicht wie andere; ... er wirft keinen Schatten und gibt im Spiegel kein Bild; ... er hat die Stärke vieler Männer, ... er kann sich in einen Wolf verwandeln; ... er kann als Fledermaus erscheinen; ... er kann im Nebel kommen, den er sich selbst schafft; ... er kommt auf den Strahlen des Mondes als elementarer Staub; ... er kann sich klein machen; ... durch eine haarfeine Spalte der Grufttür hineinschlüpfen.

... Er kann, wenn er einmal seinen Weg gefunden, überall hinein und heraus, es mag noch so fest verschlossen, ja sogar verlötet sein. Er sieht in der Dunkelheit, eine mächtige Gabe auf dieser Welt, die die Hälfte der Zeit im Finstern ruht.

... Er kann alles das und ist dennoch nicht frei. Im Gegenteil, er ist noch mehr ein Gefangener als der Galeerensträfling, als der Narr in seiner Isolierzelle. Er kann nicht überall dorthin, wohin es ihn gelüstet; er, der außerhalb der Natur steht, muss sich dennoch einigen ihrer Gesetze fügen.

... Er darf das erste Mal nirgends eintreten, außer es ladet ihn einer seiner Bewohner ein; danach allerdings kann er kommen und gehen, wann er will. Seine Macht zerstiebt, wie die aller bösen Dinge, wenn der Tag kommt. Nur zu gewissen Zeiten hat er seine begrenzte Freiheit. Wenn er sich nicht an dem Platze befindet, an den er gebunden ist, kann er sich nur um Mittag und genau bei Sonnenaufgang und Sonnenuntergang verwandeln.

... So kann er innerhalb der ihm gezogenen Schranken alles tun, was er will, wenn er sich in seiner Heimaterde, in seinem Sarg oder an einem verrufenen Platz befindet, wie z.B. in dem Selbstmördergrab in Whitby; dagegen ist er an anderen Plätzen bezüglich seiner Verwandlungen an eine bestimmte Zeit gebunden. Ebenso erzählt man sich, dass er fließendes Wasser nur zur Zeit der eintretenden Ebbe oder Flut passieren kann. Aber es gibt Dinge, die ihn so angreifen, dass er alle Kraft verliert. Wie wir wissen, hat der Knoblauch diese Eigenschaft. Auch gegen geheiligte Dinge, wie z.B. das Kreuz, das auf unserem Tische liegt, ist er machtlos. Er hält sich schweigend in respektvoller Entfernung davon.

... Ein Zweig wilder Rosen auf sein Grab gelegt, hindert ihn am Herauskommen; eine geweihte Kugel, die man in den Sarg schließt, tötet ihn endgültig; und welch friedenbringende Wirkung ein Pfahl hat, den man ihm durch das Herz treibt, wissen wir ohnehin; ebenso dass das Abschneiden des Kopfes ihn zur Ruhe bringt.

... Aber er ist schlau."

Dracula, der „Übervater" – eine psychologische Interpretation

Dieser Vampir ist es, der die letzten hundert Jahre überstanden hat und auch gute Chancen hat, weiterzuleben. Er ist von übermenschlicher Intelligenz, seine Körperkraft übersteigt die eines normalen Menschen ganz erheblich. Er besitzt große Reichtümer, sogar ein Schloss, er hat die hypnotische Macht, Menschen an sich zu binden und sie zu verzaubern.

Er kann sich verwandeln. Und er hat die Macht, den Tod zu überwinden. Es geht um Blut, Lust und Tod, symbolisiert im Vampir-Biss, der erotisch-sadistischen Vereinigung von Täter und Opfer.

Über Stokers „Dracula" schreibt der Psychologe Maurice Richardson:

„Allein vom Freud'schen Standpunkt aus ergibt die Geschichte einen wirklichen Sinn. Man kann sie als eine Art inzestiösen, nekrophilen, oral, anal, sadistischen Ringkampf ohne Regeln betrachten. Daraus bezieht die Geschichte ihre Kraft. Der Jahrhunderte alte Vampirgraf ist eine Vaterfigur von gewaltiger Potenz."

Mit der Vaterfigur verbinden sich auch immer Assoziationen zum Inzesttabu. Ödipus hat uns – zwar ohne zu wissen, was er tut – vorgemacht, wie man

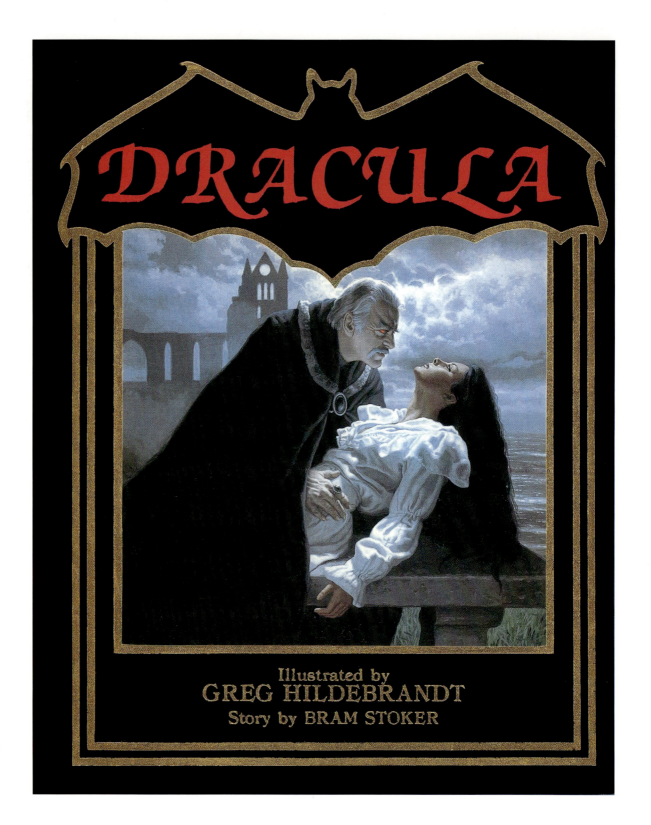

Dracula-Ausgabe von 1985 mit Illustrationen von Greg Hildebrandt

mit dem Rivalen Vater umgeht, indem er ihn umbrachte. Das Über-Ich, die Schuld, plagt ihn. Dracula ist die Figur des toten Vaters, der aus dem Grab zurückkehrt.

Während das Über-Ich dafür sorgt, dass die verbotenen Wünsche nicht zur Erfüllung kommen, ist es das Es als Hort des (menschheitsgeschichtlich) Ererbten, als dunkler Kern unserer primitiven Motive, der Triebe, der Sexualität und Aggression, welche von Geburt an da war und wieder zum Tragen kommt. Das Es ist unbewußt und funktioniert nach dem Lustprinzip der rücksichtslosen und sofortigen Triebbefriedigung. Damit sind wir zum Archaischen zurückgekehrt, dem Ort, wo der Vampir lebt.

Freud nennt es ES, Stephen King nennt es ES, ich nenne es Vampir. Es geht um mehr als um Inzest, und gleichzeitig reduziert es sich auf die beiden Grundthemen: Sexualität und Tod.

„Wohl kaum eine andere übernatürliche und religiöse Konzeption entspricht mehr der zweiten Hälfte des 20. Jahrhunderts als der Vampir. Im Zusammenhang mit dem Schwinden religiöser Überzeugungen ist der Vampirismus weiterhin der sinnlichste, am wenigsten vergeistigte aller überwirklichen Offenbarungen. Er stellt den Triumph des Geschlechtlichen über den Tod, des Fleisches über den Geist und der Materie über das Unsichtbare dar. Er negiert fast alles außer der rein physischen Sinnesbefriedigung. Von allen denkbaren Kosmologien ist er der materialistischste."

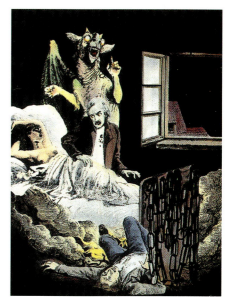

Illustration aus dem *Dracula*-Roman 1897: *Infamies de toutes espèces / Allerlei Verruchtheiten:* Eine ironische Anlehnung an Füsslis „Nachtmahr".

Dieser Aussage David Piries ist nur hinzuzufügen: und wird somit zum Brennpunkt aller unserer lebhaftesten, tiefverdrängten Phantasien. Notwendigerweise musste diese Figur ein Mann sein, denn die beherrschende beißende, penetrierende Sexualität des Vampirs muss zwangsläufig als männlich aufgefasst werden, und dieser männliche Aspekt blieb auch dann erhalten, wenn er auf Frauen übertragen wurde.

Die in der Sexualität sich widerspiegelnde Fähigkeit, die Kraft des anderen zu saugen, findet sich auch in anderen kulturellen Zusammenhängen. Die für ihre sexuellen Künste bekannten Chinesen haben dies explizit in ihren Lehrbüchern erklärt. Für den Taoisten war und ist es Ziel beim Geschlechtsverkehr, die psychosexuelle Energie des Partners in sich aufzunehmen. Dies konnte sich bis zu einem Krieg der Geschlechter ausweiten, bei dem die Frau versuchte, den Mann zu „erschöpfen", während er solange wie möglich versuchte, die Ejakulation hinauszuzögern, um so viel Yin-Energie der Frau aufzusaugen wie möglich.

Diese wesentliche Komponente der Vampir-Legende muss an dieser Stelle noch einmal deutlich hervorgehoben werden. Es findet immer eine Verführung statt. Das Böse ist nicht in einem selbst, sondern es kommt von draußen und steckt einen an. Alle bösen, unreinen und unmoralischen Gedanken und Gefühle werden auf Alpträume und Fabelwesen projiziert und somit nach draußen verlagert. Die Angst vor der Strafe für die eigene Schlechtigkeit wird zur Angst vor bösen Geistern. Aber diese Angst hat auch etwas seltsam Faszinierendes. Der Vampirsmus ist ansteckend.

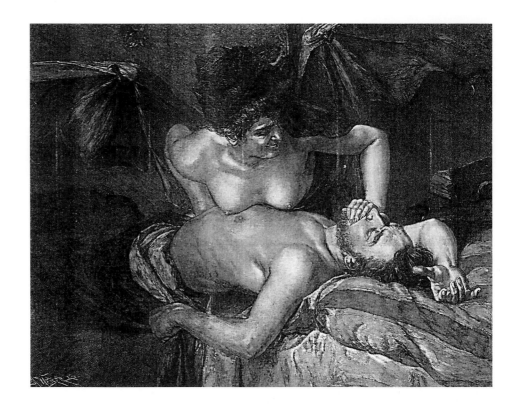

Die Verführung durch das Böse findet nachts statt – egal ob Männer oder Frauen: Sie sind Opfer ihrer schlechten Gedanken oder vielleicht doch echter Dämonen?
Die Drud. Nach einem Gemälde von Wilhelm Schade (1859–1893).

Ein Vampyr. Nach einem Gemälde von Max Kahn (1857 – vor 1926).

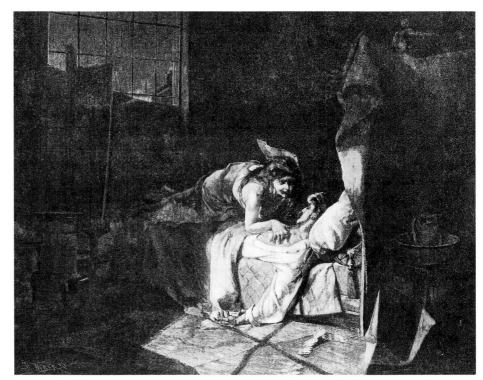

So groß der Unterschied zwischen dem 19. und 20. Jahrhundert in vielen Bereichen ist: was den Vampir-Mythos betrifft, ist er eher klein. Auch im 20. Jahrhundert gab es Menschen, die an Vampire glaubten und sich damit ernsthaft beschäftigten. Und was hat das 20. Jahrhundert nicht alles an Literatur und Filmen hervorgebracht! Als Sammler weiß ich, wovon ich spreche, und es macht eines deutlich: Hätte der Vampir nicht diesen Tiefgang, er würde nicht eine so ungeheure Faszination auf die Menschen ausüben. Man könnte zwar den einen oder anderen Film drehen, das eine oder andere Buch schreiben, aber nicht immer wieder den Vampir so glanzvoll erstehen lassen.

Der Nachtmahr des Züricher Malers Johann Heinrich Füssli (1741-1825) aus dem Jahre 1782 ist auch bekannt unter dem Titel *Der Alp*. Das Bild ist ein typisches Beispiel für die Visualisierung von Alpträumen im Zeitalter der Romantik. Es zeigt eine schlafende junge Frau, auf der ein Incubus oder Mahr hockt. Füsslis Gemälde wurde in den 1930er Jahren szenisches Vorbild für zahlreiche Hollywood-Gruselfilme.

Auch hierfür gibt es einleuchtende Gründe. Die Wiedererweckung des Vampir-Mythos hängt nämlich sehr stark mit dem Bild des ansteckenden Bösen zusammen, dem ja auch Lucy zum Opfer fiel, wodurch sie selbst ansteckend und damit zur Täterin wurde. Cecil Helman weist in seinem Buch „Körpermythen" auf diese Verbindung mit der populären Aids-Metapher hin. „Dieser tödliche und nicht sichtbare HIV-Virus ruft bei vielen, die davon hören, eine ansteckende Furcht hervor und sogleich Angst vor den Opfern des Virus – vor der Verseuchung durch das, was aus ihren Körpern tropft, Blut, Speichel und Sperma." (S. 108)

Wie seinerzeit bei Pest, Cholera und Syphilis handelt es sich um Bilder einer unsichtbaren, unmoralischen Ansteckung, die von Randgruppen durch ihren Lebensstil und den Austausch ihrer Körperflüssigkeiten in die „heile" Welt gebracht wird. In der von moralischen Denkweisen geprägten Realität sind es zwar nicht mehr Dämonen und sonstige mystische Geschöpfe, sondern häufig Homosexuelle, Drogenabhängige, Prostituierte und Einwanderer, die diese Ansteckung bringen. Übrigens: auch Dracula war ja ein Immigrant.

Die Verbannung des Vampirs aus der Wissenschaft

Merkwürdige Begebenheiten trugen sich zu in der Habsburger Monarchie zu Beginn des 18. Jahrhunderts. Die erste „entsetzliche Begebenheit", bei der behördliche Organe anwesend waren, geschah im Dorf Kisolova: Neun Dorfbewohner hatten zu Protokoll gegeben, zwei Monate nach dem Tode des Bauern Peter Plogojewitz von just diesem im Schlaf gewürgt worden zu sein. Alle neun sollten bald darauf sterben.

Es kommt zur Exhuminierung, bei der sich ein grauenhaftes Bild zeigt: Der Leichnam von Plogojewitz zeigt keine Verwesungserscheinungen. Haare, Bart und Nägel scheinen gewachsen und die Lippen sind mit frischem Blut befleckt.

Das größte Aufsehen erregte ein Vorfall in Meduegya im Winter 1731/32. Am 26. Januar 1732 unterzeichneten mehrere Offiziere aus der Hauptstadt Belgrad einen medizinischen Bericht. Dieser bestätigt, dass 16 Leichen untersucht worden waren. Fünf von ihnen, zwei Mütter mit ihrem Baby und ein Knecht, befanden sich im normalen Zustand der Verwesung. Alle anderen waren unzweifelhaft im „Vampir-Stand". Dieser Bericht spielt in allen Erörterungen über den Vampirismus eine wesentliche Rolle. Fortan ist Europa im Vampir-Fieber. Wieder einmal!

„Von 1730 bis 1735 war von nichts anderem die Rede als von Vampiren, je mehr man verbrannte, desto mehr tauchten auf", spottete Voltaire später. Gerade hatte die Aufklärung ihren Siegeszug angetreten, und dann so etwas! Gott ist der Schöpfer der Welt und der Menschen und die Quelle der Vernunft. Alles – sogar das Dasein Gottes – ist beweisbar. Oder doch nicht? Fragen, die beantwortet schienen, müssen erneut gestellt werden.

Unzählige Veröffentlichungen und Traktate sind in jenem Jahr erschienen. Hier die wichtigsten:

> Aktenmäßige und umständliche Relation von denen Vampyren oder Menschensaugern. Welche sich in diesem und vorigen Jahr im Königreich Servien hierfür gethan, Leipzig 1732.

> Christliche Betrachtungen über die wunderbarliche Begebenheit mit den blutsaugenden Todten in Sevien, Leipzig 1732.

> Christoph Friedrich Demel(ius): Philosophischer Versuch, ob nicht die merkwürdige Begebenheit derer Blutsauger in Niederungarn, A. 1732

Des Hochwürdigen Herrn
AUGUSTINI CALMET,
Abbtens des GOttshauses Senonn in Lotharingen/ Ord. S. Bened.

Gelehrte Verhandlung der Materi,
Von

Erscheinungen der Geisteren,
Und denen

Vampiren in Ungarn, Mahren rc.

Aus deren Anlaß auch darin von Zaubereyen und Hexereyen/ von Besessenen
und Bezauberten, von denen alten heydnischen Oraculis, oder Götzen-Bescheiden, vom
Wahrsagen und Offenbaren verborgener oder künftigen Dingen, von Wirckungen und Blendungen des
Satans, von Erscheinungen so wohl Verstorbner, als auch noch Lebender, die andern weit entfernten Menschen geschehen seynd rc. gehandlet wird.

Französisch beschrieben, und in dieser Sprach zum zweytenmal aufgelegt
zu Einsidlen, Anno 1749.

Mit merckwürdigen Zusätzen, welche im Französischen nicht enthalten, sondern nach dessen
Übersetzung dem Übersetzer von dem Hochwürdigen Herrn Authore in zweymalen erst schrifftlich
seynd übersandt worden, vermehrt.

Die Nutzbarkeit des Wercks, und die darbey gehabte Absicht des Herrn Authoris ist aus seiner hienach
stehenden Vorrede zu ersehen.

Erster Theil
Ins Teutsche übersetzt durch einen Priester Ord. S. Ben.
CUM APPROBATIONE SUPERIORUM.

AUGSPURG, verlegts Matthäus Rieger, Buchhandler, 1751.

Schrift des Augustin Calmet – 1749 in
Frankreich, 1751 in Deutschland erschienen.

geschehen, aus denen principiis naturae, insbesondere aus der sympathia rerum naturalium und denen tribus facultationibus hominis koennen erleutert werden etc., Vinariensie 1732.

Johann Christian Fritsch(ius): Eines Weimarischen Medici Muthmaßliche Gedanken Von denen Vampiren, Leipzig 1732.

Otto Grabenstein (Graben zum Stein): Unverlohrenes Licht und Recht der Toten unter den Lebendigen, Wittenberg 1732.

J. C. Meinig (Putoneus): Besondere Nachricht von denen Vampyren oder sogenannten Blutsaugern, Leipzig 1732.

Gottlob Heinrich Vogt: Kurtzes Bedencken. Von denen Actenmaeßigen Relationen wegen derer Vampyren, oder Menschen- und Viehsaugern, Ingleichen über das davon in Leipzig herausgekommene Raisonnement Vom Weltgeiste, An gute Freund gesandt von Gottlob Heinrich Vogt, Medic.Pract., Leipzig 1732.

W.S.G.E.: Curieuse und sehr wunderbare Relation, von denen sich neuer Dingen in Servien erzeigenden Blutsaugern, Leipzig 1732.

Johann Christoph Harenberg: Vernünftige und christliche Gedanken über die Vampyrs, Wolffenbüttel 1733.

Augustin Calmet, gelehrter Benediktiner, geboren 1672 bei Toulouse gestorben 1757 in Paris, wurde 1698 Lehrer zu Moyen-Moutier, 1704 Subprior zu Münster im Elsaß, 1718 Abt in Nancy, 1728 Abt von Senones in Lothringen.

Ganz besonderen Einfluss hatten zwei Schriften. Die erste stammte von Diakonus Michael Ranft und trug den Titel „Traktat von dem Kauen und Schmatzen der Toten in Gräbern", erschienen 1734 in Leipzig. Sie führte detailliert aus, wie die wahre Beschaffenheit der ungarischen Vampire und Blutsauger sei. Die zweite Schrift erschien 1751 und war des Hochwürdigen Herrn Augustin Calmets „Gelehrte Verhandlung von denen sogenannten Vampiren oder zurückkommenden Verstorbenen in Ungarn, Mähren etc.". Er wollte verhindern, dass die christliche Kernlehre (Auferstehung nach dem Tod am Jüngsten Tag) erschüttert wurde. Sein oberstes Leitmotiv in seiner Beweisführung ist die Widerlegung der These, dass Tote aus eigenem Antrieb oder auf Geheiß Satans ihre Gräber verlassen könnten. So heißt auch das erste Kapitel: „Vom Tode auferwecken kann niemand als Gott allein!"
Warum waren die Vampire gerade in der ersten Hälfte des 18. Jahrhunderts so interessant? Mit Sicherheit nicht nur wegen der aufgefundenen Leichen. Diese waren nur der Anlass für vielschichtige und heftige Diskussionen und Erklärungsversuche. Zum einen sind es die Mediziner, die mit ihrer rationellen Denkweise und ihren neuen Erkenntnissen in der unverwesten Leiche eine Herausforderung sahen. Zum anderen die Dogmatiker des christli-

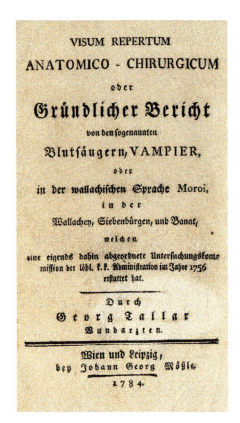

Schrift aus dem 18. Jh.

chen Glaubens, die darin eine blasphemische Umkehrung einiger ihrer wesentlichen Lehrmeinungen sehen mussten. Und schließlich gab es in dieser Zeit bereits Kritiker des damals noch gültigen Wertesystems, die der Aufklärung verhaftet waren und dieses Thema sarkastisch aufgriffen. So schrieb beispielsweise Voltaire um 1770: „Die wahren Sauger wohnen nicht auf Friedhöfen, sondern in wesentlich angenehmeren Palästen ... Die persischen Könige, heißt es, waren die ersten, die sich nach ihrem Tod konservieren ließen. Fast alle heutigen Könige folgen ihnen darin; aber die Mönche essen ihre Diners und Soupers und trinken den Wein. Demnach muss man eigentlich nicht die Könige als Vampire ansehen. Die wirklichen Vampire sind die Mönche, die auf Kosten der Könige und des Volkes essen." (zit. nach Sturm/Völker: „Von denen Vampiren und Menschensaugern", S. 483, 489).

Der Vampirismus ist zum Streitpunkt philosophischer Debatten geworden. Dabei ging es um nichts Geringeres als die Durchsetzung des Kartesianismus, am Beispiel der Vampire speziell um die Problematik des Leib-Seele-Dualismus. Der französische Philosoph Descartes verfolgte das Ziel, vernünftige (rationale), absolut gewisse, zweifelsfreie Erkenntnisse zu gewinnen. Er bestimmte die Seele im Gegensatz zum Körper als unausgedehnt und unvergänglich. Obwohl sie unräumlich sei, habe sie ihren Sitz in der Zirbeldrüse, von wo sie durch die in den Nervenröhren befindlichen „Lebensgeister" (spiritus animales) Impulse vom Körper empfange und an ihn verteile. Vom kartesianischen Standpunkt aus musste es eine natürliche Erklärung für den Vampirismus und die unverwesten Leichen geben. Die bis dahin gültigen aristotelischen Erklärungsprinzipien hatten es leicht: Die Aufspaltung in eine vegetative, eine animalische und eine rationelle Seele erlaubte zumindest den Verbleib der vegetativen Seele im Körper, wohingegen der Kartesianismus sich zunächst schwertat, eine Erklärung für das Weiterleben des Körpers nach dem Tod zu finden. Voltaire drückte die Problematik in einem Satz aus: „Die Schwierigkeit bestand darin, in Erfahrung zu bringen, ob hier die Seele oder der Körper des Toten fraß".

Schließlich kam nur noch eine Erklärung für die aufgetretenen Vampir-Fälle in Betracht: eine unbekannte Krankheit. Das Besondere dieser Krankheit und Seuche war eine anhaltende Resistenz der Toten gegen die Verwesung und ein Leiden der Lebenden, das durch die Heimsuchung (eingebildet oder nicht) des Vampirs gekennzeichnet ist. Die Trennlinie zwischen dem Heimsucher und dem Heimgesuchten ist somit der Tod. Aber können Lebende und Tote an der gleichen Krankheit leiden?

Die Antwort konnte nicht voll befriedigen, weshalb eine Strömung Bedeutung erlangte, die in den Debatten um die Vampire eine aktive Rolle spielte. Man fühlt sich versucht, diese Tendenz, die sich als eine Art Gegenströmung zur rationalistischen, kartesianischen Hauptrichtung des philosophischen Denkens jener Zeit entwickelte, als Wiederbelebung des Okkulten im 18. Jahrhundert zu bezeichnen. Das heißt, der Sensationswert

Der Schlaf der Vernunft gebiert Ungeheuer. Zeichnung von Francisco de Goya, aus der Serie *Caprichos:* Wenn der Mensch seiner Vernunft zu schlafen erlaubt, gewinnen die Geschöpfe der irrationalen Welt Gewalt über sein Leben; erst mit dem Erwachen der Vernunft werden diese Unholde und Kobolde wieder verschwinden.

Maria Theresia (1717-1780), Erzherzogin von Österreich und Königin von Ungarn und Böhmen, schickte ihren Leibarzt, den angesehenen Wissenschaftler Gerard van Swieten, im Jahre 1755 nach Mähren, um die dort entdeckte „Vampirplage" aufzuklären. Sein nüchterner, erklärender Bericht veranlaßte sie zu einem Erlaß über Vampire, der alle traditionellen Prozeduren untersagte und verfügte, dass Hinweise auf auferstandene Tote nicht der Kirche, sondern den Behörden zu melden seien.

der Vampir-Geschichten wird erst durch okkulte Interpretationen, die zu ihrer Erklärung herangezogen werden, gesteigert.

Eine letzte Theorie, die zu dieser Zeit größere Bedeutung erlangt hatte, ist die Theorie des Astralleibes: Der Mensch besitze neben seinem Körper eine energetische Aura, den Astralleib. Dieser Leib sei es, der weiterlebt, denn er brauche viel längere Zeit, um zu verwesen (daher kommt auch die Vorstellung, dass der Vampir keinen Schatten hat, denn Schatten und Astralleib werden oft gleichgesetzt). Während der Körper zu Erde wird und die Seele zu Gott auffährt, verweile der Astralleib auf der Erde. Rein theoretisch ist dies die sauberste Theorie; die jedoch ein großes theologisches Problem beinhaltet: Sie verletzt den göttlichen Schöpfungsplan und das göttliche Wiedererweckungsmonopol. An einer solchen Interpretation konnte keine der christlichen Kirchen Gefallen finden, genauso wenig die Aufklärer. Die Vernunft kann das Phänomen nicht erklären, die Kirche ebenfalls nicht. So stellt sich die Bevölkerung immer wieder die Frage nach dem Beitrag des Teufels. Ist es widernatürliche Ursache oder Gottes Wille? Ein Wunder kann es nicht sein, da es keine höhere Ehre für Gott verkündet, noch das Heil der Menschen fördert.

Die einsetzende Aufklärung sorgte dann zumindest teilweise dafür, dass der Vampir-Glaube aus dem öffentlichen Diskurs verschwand. Wenn es sein musste, mit Verbot. Maria Theresia sah sich 1755 veranlasst, einen „Vampir-Erlaß" zu verfügen. In diesem wurde der Glaube an Vampire verboten. Er verschwand allerdings nur aus dem wissenschaftlichen Diskurs, denn die schöngeistige Literatur griff dieses Thema umso dankbarer auf. In William Polidoris Erzählung „The Vampyre" betritt 1819 mit Lord Ruthven ein Vampir die Weltbühne, der aristokratisch, edel, verschlagen und machtvoll ist. Er ist der Vorläufer von Graf Dracula und beschwört jene uralte Fragen, Mythen und Geheimnisse herauf

Doch eins nach dem anderen ...

DER HELD DER LITERATUR

Wie Graf Dracula in Stokers Roman, so sucht sich auch der Vampir generell einen neuen Platz in der Geschichte. Aber er braucht nicht mit Särgen von Transsylvanien nach England zu reisen. Es reicht, einfach der Verbannung der Wissenschaft zu entgehen, indem sie in der Literatur wieder aufersteht. Und diese Wiederauferstehung ist gewaltig. In Verbindung mit der Schwarzen Romantik erscheinen Ende des 17./ Anfang des 18. Jahrhunderts unzählige Schauerromane, die sich des Themas annehmen. Und schwarz-romantisch ist auch die Entstehungsgeschichte der Vampir-Erzählung, die zum ersten Mal jene Figur darstellt, die aristokratisch edel, verdorben, machtvoll, erotisch, anziehend und abstoßend zugleich in der Figur des Grafen Dracula die Weltliteratur erobern wird.

In einer legendär gewordenen Gewitternacht des Juni 1816 saßen in der Villa Diodadi am Genfer See Lord Byron und seine Gäste, der Dichter P. E. Shelly und seine spätere Frau Mary Wollstonecraft sowie der Leibarzt und Freund Byrons, William Polidori, zusammen, um sich Gruselgeschichten zu erzählen. Drei Jahre später erscheint der Roman „The Vampyre" im „New Monthly Magazin", nicht unter dem Namen Polidoris, sondern unter dem Namen Byron. Wahrscheinlich, weil er auf einer unvollendet gebliebenen Novelle Byrons fußt, die in jener Gewitternacht erzählt wurde. Sie wurde trotz nicht übersehbarer literarischer Mängel ein riesiger Erfolg, weshalb Polidori später die Urheberschaft für sich beanspruchte und nach langem Ringen auch zugesprochen bekam. Wahrscheinlich war die Veröffentlichung dieser Erzählung sogar eine Art Racheakt, weil Byron Polidori literarisch nicht ernst nahm. Bereits ein Jahr früher erschien der berühmte Roman von Mary Shelley „Frankenstein".

„The Vampyre", die Erzählung von Lord Byron, erzielte einen ungeahnten Erfolg. Es gab viele Fortsetzungen und unzählige Übersetzungen. Auch die erste deutsche Ausgabe erschien bereits 1819. Goethe hielt diese Geschichte für die beste Arbeit Lord Byrons. Er selbst hatte mit der „Braut von Korinth" den Vampir bzw. die Vampirin in der deutschen Literatur hoffähig gemacht.

Polidoris „Lord Ruthven" kann für sich in Anspruch nehmen, die Vampir-Figur, wie wir sie heute kennen, etabliert zu haben. Die Geschichte hat alle wesentlichen Züge des modernen Vampir-Romans: Der satanische Lord Ruthven tritt in die Londoner Gesellschaft ein, in der Abendgesellschaften das normale Vergnügen waren. Er allerdings interessiert sich nicht für dieses normale Vergnügen. Er wirkt anziehend und abstoßend zugleich. Trotz-

William Polidori, Verfasser von *The Vampyre* (1819), der ersten veröffentlichten Vampirgeschichte in der englischen Literatur, die Lord Byron zugeschrieben wurde. Porträt von F. G. Gainsford.

Lord Byron und sein Diener beim Verlassen ihres Bootes am Genfer See. In *The Vampyre* wird aus Byron der schurkische Lord Ruthven. Druck von George Gordon.

dem schließt er Freundschaft mit einem jungen Mann namens Aubrey, der den Lord auf einer Reise nach dem Kontinent begleitet. Auf dieser Reise lernt Aubrey merkwürdige Charakterzüge des Lords kennen. Aus einem Brief seines Vormunds erfährt er, dass der Lord in London zahlreiche Freveltaten und Skandale verübt hat. Daraufhin trennt er sich von Ruthven, geht nach Griechenland, lernt dort eine junge Griechin namens Janthe kennen und studiert die Antike. In diesem Zusammenhang ist eine Szene von Bedeutung, die in allen Vampir-Romanen immer wieder auftaucht: Der junge Mann will in eine Gegend reisen, die verrufen ist. Die Eltern

Lord George Byron (1788–1824),
der romantische Dämon.

Der romantische Lord Byron, griechisch gekleidet. Porträt von Thomas Phillip (1813).

Lord Ruthven (rechts) in Kilt, Schottenmütze und Brustharnisch, links sein Opfer Lady Margaret, 1901. Stich aus J. R. Planché, *Vampire or The Bride of the Isles.*

des jungen Mädchens wollen ihn davon abhalten. Und wie immer und überall lacht Aubrey über diese Warnung und begibt sich auf die abenteuerliche Reise.

Selbstverständlich wird er von Sturm und Dunkelheit überrascht. Aubreys Pferd wirft seinen Reiter vor einer Hütte ab. Drinnen hört er ein Mädchen schreien, betritt die Hütte und wird nach einem schrecklichen Kampf zu Boden gestoßen. Später finden Bauern den Bewußtlosen, neben ihm seine tote Geliebte, die Wundmahle eines Vampir-Bisses an der Kehle trägt. Aubrey erkrankt ernsthaft. Jetzt erscheint wiederum Lord Ruthven, um ihn gesund zu pflegen und Aubrey vergisst seine Vorbehalte. Sie reisen weiter durch Griechenland und werden auf einem Berggipfel von Räubern überfallen. Hierbei wird Ruthven tödlich verletzt, zumindest angeblich. Sterbend nimmt er Aubrey das Versprechen ab, niemand etwas von seinem Tod zu sagen für ein Jahr und einen Tag.

Nun, um es kurz zu machen: Aubrey kehrt zurück und kehrt auch zurück in die Londoner Gesellschaft. Als er seine Schwester in die Gesellschaft einführt, sieht er ein wohlbekanntes Gesicht und eine Stimme flüstert ihm ins Ohr: „Denk' an Dein Versprechen." Ruthven erobert die Schwester Aubreys. Dieser versucht, sie zu retten, was ihm aber nicht gelingt. Und auch er selbst kommt dabei zu Tode. Der Schluss lautet: „Lord Ruthven war verschwunden und Aubreys Schwester hatte den Durst eines Vampirs gestillt."
Bereits 1820 wurde das Stück in Frankreich von dem berühmten Bühnenautor Charles Nodier dramatisiert und im Juni im Theater De la Porte Saint Martin mit außerordentlichem Erfolg aufgeführt. 1822 erschien eine Bühnenversion von L. Ritter unter dem Titel „Der Vampyr oder die TodtenBraut, romantisches Schauspiel in 3 Acten, nach einer Erzählung von Lord Byron" Diese deutsche Bearbeitung bildete später die Grundlage mehrerer Opernlibretti.

Ebenfalls 1820 erschien der beste englischsprachige Schauerroman, ein Klassiker der Gothic-Zeit, „Melmoth der Wanderer" von Charles Robert Maturin: eine faustische Version des Themas, in der es um den Verkauf der Seele geht, die nur erlöst werden kann, wenn eine andere Seele preisgegeben wird. Danach folgten viele Werke, literarisch höchst angesehene, aber auch Titel, die man heute als Groschenromane bezeichnen würde und die auch damals schon „penny dreadfuls" („Penny-Scheußlichkeiten") hießen. Der bekannteste unter ihnen, „Varney, the vampire". erschien 1842 in riesiger Auflage. Das ganze Repertoire der literarischen Vampirologie kommt hier zur vollen Entfaltung. Düstere Friedhofsszenen, aufgebrochene Gräber, fahle Mondlichte, stickige Gruftgewölbe, schrille Entsetzensschreie, schmatzende Blutsauger. Der Untertitel „Das Blutfest" bekräftigt jene reißerischen Scheußlichkeiten noch. Dazu kamen Zeichnungen, die in geschickter Weise Horror und Sexualität kombinierten und damit einem breiten Publikum den Vampir vorführten. Heute wird der Roman James Malcom Rymer zugeschrieben. – Ähnlichkeiten mit den heutigen John-

Sinclair-Romanen drängen sich geradezu auf. Dessen Serie „Geisterjäger" ist das heutige Pendant zu den Penny-dreadfuls des 19. Jahrhunderts.

1872 entstand eine Erzählung von Sheridan Le Fanu, die in der Sammlung „In a glass darkly" (In einem dunklen Spiegel) erschien und für den Stokerschen Roman von großer Bedeutung war. „Carmilla" ist die erste lesbische Vampirin und die Geschichte eine typische „gothic novel". Der Schauplatz ist ein düsteres österreichisches Schloss, in dem eine junge Frau (Carmilla) Aufnahme findet, nachdem sie durch einen Kutschenunfall ohnmächtig wurde. Der Schlossherr erkennt sie sogleich als eine Gestalt aus seinen Träumen. Schon bald grassiert im nahen Dorf ein ansteckendes Fieber, und zwei Mädchen finden einen plötzlichen Tod. Auch die Tochter des Schlossherrn verfällt ihrer Anziehung. Erst als ein Bild der Vorfahrin des Schlossbesitzers, einer gewissen Carmilla Kahnstein, auftaucht, erkennt man, um wen es sich handelt, und es vollzieht sich die übliche Prozedur.

Im ersten Entwurf Bram Stokers für seinen Dracula-Roman ist die Hauptfigur eine Frau, und der Roman spielt in Österreich. Später wird dieser Teil der Geschichte in der Erzählung „Draculas Gast" verwertet.

Damit sind wir beim Helden des ultimativen Vampir-Romans angekommen: Graf Dracula, der in Stokers Roman eine so glänzende Karriere machte, dass ihn heute jeder auf der Welt kennt. Die Handlung ist schnell erzählt: Jonathan Harker, ein junger englischer Anwaltsgehilfe, reist nach Transsylvanien zum Schloss des Grafen Dracula. Er hat den Auftrag, ein Immobiliengeschäft mit dem Grafen abzuschließen, denn dieser will ein Haus in der Nähe von Dr. John Sewards Irrenhaus in Carfax Abbey erwerben. Obwohl von Bauern und Wirtsleuten gewarnt, lässt sich Harker nicht davon abhalten, Graf Dracula aufzusuchen. Während eines nächtlichen Rundgangs durch das Schloss begegnet Harker den verführerischen Bräuten Draculas und entdeckt zu seinem Schrecken, dass Dracula ein Vampir ist. Harker wird im Schloss gefangengehalten, während sich der Graf nach England aufmacht. Er tut dies mit einigen Holzkisten voller Erde aus der Familiengruft und mit Hilfe von Zigeunern. Diese bringen die Särge mit Erde auf ein Schiff. Das Schiff strandet an der Küste von Whitby. Sämtliche Besatzungsmitglieder des Schiffes sind tot. Ein großer Hund springt über Bord und verschwindet. Auf dem Sankt Marys Friedhof trifft Dracula Lucy, die Freundin von Mina Murray, der Verlobten von Jonathan. Lucy verfällt ihm, und Dracula macht sie zu einer Untoten. Ihre drei Verehrer Arthur Holmwood, Dr. Seward und Quincy Morris versuchen, unter Anleitung des holländischen Mediziners und Spezialisten Professor Van Helsing, Lucys Leben durch Bluttransfusionen zu retten, doch dies scheitert. Währenddessen gelingt es Jonathan zu fliehen. Er kehrt traumatisiert und zerbrochen nach England zurück, wo er nur langsam gesundet, aber trotzdem den anderen hilft, Graf Dracula zu vernichten. Nach dem Tode Lucys geschehen seltsame Dinge in der Umgebung von Hampstead, wo kleine Kinder in der Heide verschwinden. Auf dem Friedhof von Highgate gelingt es den Ver-

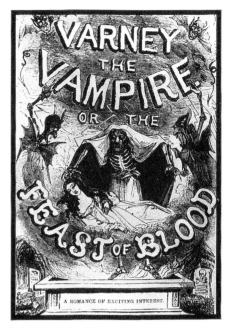

Die Titelseite der seinerzeit äusserst populären Romanze von Thomas Peckett Priest *Varney the Vampire* oder *The Feast of Blood* (1842).

Der „Stasi"-Vampir, eine Erfindung von Geisterjäger John Sinclair.

Sir Francis Varney bedroht sein Opfer, eine in Ohnmacht fallende junge Frau – Illustration aus *Varney the Vampire*.

folgern, Lucy einen Holzpflock durch das Herz zu jagen. Sie ist geläutert und ihre Seele gerettet. Daraufhin gerät Mina in den Fokus von Dracula. Den Verfolgern gelingt es, die Holzkisten, in denen sich Dracula während des Tages versteckt, zu finden und zu zerstören. Allerdings finden sie eine nicht. Nachdem der Graf Mina zu seinem Opfer gemacht hat, begibt er sich mit seiner letzten Kiste auf den Weg nach Transsylvanien. Die Verfolger heften sich an seine Fersen und stellen ihn schließlich nach einer turbulenten Jagd in seinem Schloss. Jonathan schneidet ihm die Kehle durch und

Quincy durchbohrt mit dem Jagdmesser sein Herz. Auch die Bräute Draculas werden in ihren Särgen gepfählt. Dracula zerfällt sofort zu Staub, und der Fluch weicht von Mina, sodass sie und Jonathan glücklich nach London zurückkehren können.

Geschrieben wurde dieser Roman vom irischen Theateragenten Bram Stoker (1847–1912). Stoker wurde als Sohn von Abraham und Charlotte Stoker in Dublin geboren und soll ein zartes und sehr kränkliches Kind gewesen sein. Seine Mutter erzählte ihm, wenn er krank im Bett lag, die alten irischen Sagen und Legenden. Aus dem schmächtigen Jungen wurde schließlich ein athletischer Sportler, der seinen Lebensunterhalt zunächst als Beamter verdiente. Das Theater faszinierte ihn allerdings so sehr, dass er 1871 begann, für die „Dublin Mail" Kritiken zu schreiben. Daneben verfasste er reißerische Feuilletonromane, die bereits erwähnten „Penny dreadfuls". Der erste, „The primrose path" von 1875, wurde auch abgedruckt. Ungefähr um diese Zeit lernte Stoker den berühmten Schauspieler Sir Henry Irving kennen und wurde 1878 dessen Sekretär und Manager. Irving, ein meisterlicher Interpret dämonischer Helden, sollte eines der Vorbilder für Stokers Graf Dracula werden. Stoker ging nach London, wo er am Lyceum-Theater tätig war und seine schriftstellerische Arbeit fortsetzte. Vermutlich schon um 1890 begann Stoker, der von der Novelle „Carmilla" seines Landmannes Sheridan Le Fanu sehr angetan war, mit den Vorarbeiten für „Dracula". Bei seinen Recherchen stieß er auf jenen Armenius Vambery, der ihn dazu brachte, statt einem weiblichen Ober-Vampir den Grafen Dracula zu seinem Helden zu machen. Der Roman spielt im Jahre 1892, wie man den Tagebuchaufzeichnungen entnehmen kann, in denen dieser Roman geschrieben ist. Im fiktiven Roman-Tagebuch der Mina Harker vom 25. September heißt es, dass Jonathan Dracula an einem Donnerstag gesehen hat. In ihrer Eintragung vom 22. September berichtet sie über das gleiche Ereignis. Der 22. September 1892 war ein Donnerstag.

Es ist auch die außergewöhnliche Form des Romans, die ihn so besonders macht. Er ist aus Tagebuchversatzstücken verschiedener handelnder Personen zusammengesetzt und erzählt jeweils aus den unterschiedlichen Perspektiven der Handelnden, ähnlich jenen Patientenberichten, die Sigmund Freud in seinen Traumdeutungen verarbeitet hat. Stoker hatte Freud 1893 kennengelernt und seine Vorlesungen gehört. Vielleicht ist ja der Roman der Versuch einer psychoanalytischen Interpretation der modernen Zeit, die mit ihren Dämonen nicht zurechtkommt, die noch nicht weiß, dass man es in Zukunft Unterbewusstes nennen wird, denn der Kampf zwischen alten Mythen und moderner Technik und Naturwissenschaft ist ein weiteres Hauptmotiv dieses Romans. Während Van Helsing davor warnt, allzu große Wissenschaftsgläubigkeit an den Tag zu legen, wird auf der anderen Seite modernste Technik eingesetzt, um Graf Dracula auf die Spur zu kommen. Mina Harker tippt alle handschriftlichen Aufzeichnungen mit der Schreibmaschine ab und macht Durchschläge. Größere Verbreitung hatte die

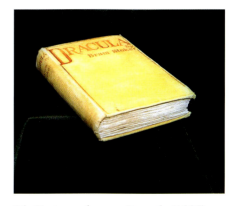

Die Erstausgabe von *Dracula* (1897).

Titelblatt der gekürzten *sixpenny paperback*-Ausgabe von *Dracula* aus dem Verlag Constable (1901).

Schreibmaschine erst 1873/74 gefunden, seit sie von der Firma Remington fabrikmäßig hergestellt wurde. Und Dr. Seward, so lesen wir, spricht seine Gedanken auf Wachsmatrizen anstatt sie aufzuschreiben. Der Phonograph wurde 1877 von Thomas Alva Edison entwickelt, zuerst mit aus Staniol bestehenden Walzen und von 1887 an mit Wachszylindern.

Auch Bluttransfusionen, wie sie Professor Van Helsing anwendet, um Lucy zu retten, waren Ende des 19. Jahrhunderts noch wenig verbreitet, obwohl schon seit 1666 bekannt. Da man von der Existenz unterschiedlicher Blutgruppen und deren Bedeutung für eine erfolgreiche Transfusion noch nichts wußte, war es immer wieder zu lebensbedrohlichen Reaktionen gekommen. Selbst nach der Entdeckung der Blutgruppen im Jahre 1901 vergingen noch über zehn Jahre, bis die regelmäßige serologische Testung eingeführt wurde. Erst nach 1910 wurde die Bluttransfusion zur allgemeinen medizinischen Praxis.

Das 20. Jahrhundert hat zwar sehr viele Vampir-Romane hervorgebracht, aber erst gegen Ende des Jahrhunderts wird das Genre erweitert. Die Romane und Erzählungen des beginnenden 20. Jahrhunderts haben fast alle die gleiche Ausgangssituation. Wissenschaftler, die nicht nur an die Wissenschaft glauben, erkennen das wirklich Bedrohende und vernichten es. Ob es nun Mrs. Emsworth ist, die von dem Psychologieprofessor Francis Urcombe vernichtet wird, oder jener Professor Mongeri der italienischen Geschichte „Il vampiro" (1907), der, obwohl er es besser wissen muss, die Existenz der Wiedergänger anzweifelt und das Unglück herbeiruft.

Es würde den Rahmen sprengen, alle Erzählungen und Romane sowohl des 19. als auch des 20. Jahrhunderts aufzuzählen, die das Thema behandeln. Das Genre wurde erst wiederbelebt durch brillante Schriftsteller, die von der Phantastik und Science fiction her kommend das Thema neu aufgegriffen und weiterentwickelt haben. Ob es sich dabei um H.G. Wells und seine Vampirerzählung „Die Blüte der seltsamen Orchidee" handelt oder um Ray Douglas Bradbury, Robert Bloch oder Theodore Sturgeon.

Ebenfalls zu diesen Autoren zählt Richard Matheson, der in dem Roman „I am legend" (Ich bin Legende) aus dem Jahre 1956 das Genre dahingehend weiter entwickelt, dass es nur noch einen Menschen gibt und alle anderen Vampire sind. Der Vampirismus wird durch Viren oder ähnliche Erreger übertragen und die Menschen mutieren. Vielleicht ist es eine Weiterentwicklung der Erzählung „Le Horla" von Guy de Maupassant. Hier wie dort stellen vampirartige Geschöpfe die existenzielle Bedrohung der Gattung Mensch dar.

Genau umgekehrt verhält es sich im 1975 erschienenen Roman von Pierre Kast „Die Vampire von Lissabon". Hier bringen die Vampire nicht den Tod, sondern das Leben. Kotor, der Ober-Vampir, ist ein Wissenschaftler, der sich bemüht, den Tod endgültig zu besiegen. Er hat allerdings erst eine Zwischenstufe erreicht, das Stadium des Vampirs. Und da die Menschen in Lissabon von einer Seuche bedroht sind, macht er sie zu Vampiren, sodass die

Titelbild einer Dracula-Ausgabe aus dem Jahre 1916

Familien zumindest nachts zusammen sein können. Er befreit die Menschen von ihrer Todesangst.
Der Meister des Horrorromans, Stephen King, beschäftigt sich ebenfalls mit dem Vampir-Thema, indem er den Dracula-Stoff ins 20. Jahrhundert verlegt und in seinem Roman „Salems Lot" neu erzählt; dies behauptet er zumindest. Dieser Roman hat das Genre nicht sehr verändert – im Gegensatz zu dem 1976 erschienenen Roman von Anne Rice „Interview with the vampire". Dort betritt mit Lestat de Lioncourt ein Vampir die Weltbühne,

der das Zeug hat, Graf Dracula als Ober-Vampir abzulösen. Denn er repräsentiert das 21. Jahrhundert. Lestat de Lioncourt ist der Sohn eines verarmten französischen Landadligen und einer italienischen Mutter, der im letzten Drittel des 18. Jahrhunderts geboren wird. Man schreibt das Zeitalter der Aufklärung, der Morgendämmerung der Revolution. Das Bürgertum hat den alten Adel an Bedeutung längst hinter sich gelassen. Soweit bestehen gewisse Parallelen zu Dracula.

Allerdings wird Lestat nicht durch seine Taten und seine Geburt zum Vampir, sondern durch einen älteren Vampir zu einem solchen gemacht. 1929 verschwindet Lestat, vielleicht weil es zu dieser Zeit genug andere Vampire auf der Welt gab, um 1984 wieder zu erwachen. Er wird geweckt von den Klängen einer Rockband und wird selbst zu einem Rockstar, der die Massen begeistert und der weiß, dass die alte Zeit vorbei ist. „Die alte Romantik gibt es nicht mehr, deshalb lass uns einen neuen Sinn finden. Ich sehne mich nach den hellen Lichtern, so wie ich mich nach dem Blut gesehnt habe. Ich sehne mich nach der göttlichen Sichtbarkeit, nach dem neuen Bösen. Und dieses Mal ist es das Böse des 20. Jahrhunderts." So heißt es im „Fürst der Finsternis", der Fortsetzung von „Interview mit einem Vampir".

Stokers „Dracula" und Rices „Lestat" unterscheiden sich in einem weiteren wichtigen Punkt. Während Dracula nur in Notfällen Männerblut nimmt, tut dies Lestat mit seiner ganzen Sinnlichkeit.

Lestat ist mittlerweile der Held von sechs Romanen, die als „Vampir-Chroniken" bezeichnet werden. Die Vampir-Chroniken reichen zurück bis ins alte Ägypten. Es wird ein Vampir-Kosmos entworfen, der eine Gegenwelt aufzeichnet, die zwar in ihren Macht- und Erotikspielen der unseren gleicht, auf der anderen Seite aber die „wirklichen" Zusammenhänge schildert, die von dunklen Mächte hergestellt werden. Lestat ist kosmopolitisch. Obwohl er als Romanheld durchaus Ansprüche anmelden kann, sich mit Dracula zu messen, hat er doch auf der zweiten Seite der heutigen Mythenverbreitung, nämlich dem Film, bisher einen äußerst schwachen Stand, sodass Graf Dracula nach wie vor den Herrn der Vampire darstellt.

Eines kann man allerdings deutlich feststellen: Während bei Stoker die Vampirjäger im Vordergrund standen, wurden im 20. Jahrhundert die Vampire zu den Protagonisten der Geschichten, sehr zum Vorteil der Filmemacher, denn optisch macht selbstverständlich der Vampir sehr viel mehr her.

DER STAR DES THEATERS

Im ersten Viertel des 19. Jahrhunderts war der Vampir nicht nur ein Star in der Literatur, sondern auch auf den Brettern, die die Welt bedeuten. Das Theater- und Opern-Publikum war geradezu begierig, sich diesem Sujet hinzugeben. Überliefert ist, dass bereits 1820 Lord Ruthven in Paris als „Le Vampir" zu Ruhm gelangte. Von Alexandre Dumas wissen wir, dass diese Oper ein riesiger Publikumserfolg war, obwohl sie die Kritiker nicht allzu sehr begeisterte.

Am 28.03.1828 bemächtigte sich der Vampir der deutschen Bühnen. In Leipzig wurde die Oper „Der Vampir" uraufgeführt. Die Musik stammte von Heinrich August Marschner, das Libretto von Wilhelm August Wohlbrück. Ein halbes Jahr später, nämlich am 21. September 1828, erlebte das Stuttgarter Opernhaus eine besondere Premiere. Die Oper hieß ebenfalls „Vampir", die Musik ist von Peter Joseph Lindpaintner und das Libretto von Caesar Max Haigel. Beiden Opern ist die von Polidori geschriebene Geschichte zugrundegelegt, die damals noch Lord Byron zugerechnet wurde.

In all diesen Stücken ist bereits die Grundkonstellation aufgebaut, die später in „Dracula" in Vollendung dargestellt werden sollte: Der machtvolle, aber auch tragische Fürst der Finsternis, die Jungfrau und die Figur des Jägers, die durch Van Helsing ihr unverwechselbares Profil erhielt. Die Stimmung bei diesen Aufführungen war enthusiastisch. Man schwelgte geradezu im schönen Gruselschauer. Das Bild, das Voltaire hundert Jahre zuvor treffend gezeichnet hatte, zeigte sich im Grunde unverändert: Je mehr man die Vampire verbrannte, desto häufiger tauchten sie auf!

Überall in Europa traf man sie an, aber Paris war die heimliche Hauptstadt der Vampire. Dies verdeutlicht ein Ausruf eines zeitgenössischen Kritikers, der damals schrieb: „Kein Theater in Paris ist ohne seinen Vampir. In Porte Saint Martin gibt es ,Le vampire', im Vaudeville gibt es auch ,Le Vampir' und in den Varietés ,Die drei Vampire' oder ,Die Strahlen des Mondes'." Lord Ruthven war der Held, bis auch er im Theater von Graf Dracula abgelöst wurde.

Bram Stoker, der Autor von „Dracula", war ein Mann des Theaters. Er war der Sekretär oder – modern ausgedrückt – Manager des bekanntesten Shakespeare-Darstellers Henry Irving. So verwundert es nicht, dass Stoker auch an eine Bühnenfassung seines Romans dachte. Die Bühnenfassung erschien bereits vor Auslieferung des Romans und hatte den Titel „Dracula or the Un-Dead". Das Stück floppte entsetzlich. Es war viel zu lang und da-

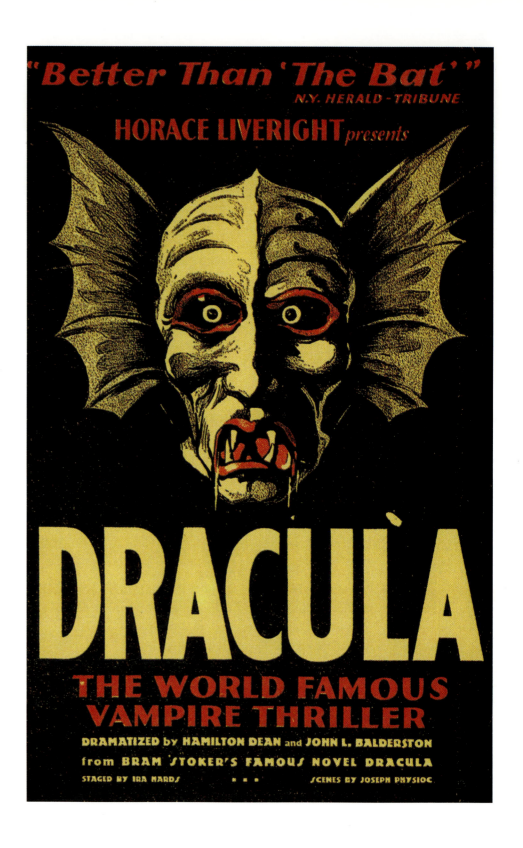

Theaterplakat der Bühnenproduktion von *Dracula*, 1927

rüberhinaus grässlich, wie Stokers Arbeitgeber und Dracula-Vorbild Henry Irving sich ausdrückte. So musste der Graf noch einige Jahre in seinem Sarg ruhen, bis er erneut die Bühne betreten durfte.

Hamilton Deane, Theater- und Schauspielmanager wie Stoker, kürzte die Bühnenfassung und brachte sie am 9. März 1925 im Wimbledon-Theater in London zur Aufführung. Es sollte eines der am längsten gespielten Stücke der englischen Theatergeschichte werden. Ab 1927 lief das Stück auch in Amerika. Am 19. September 1927 wurde es im Schubert-Theater in New Haven aufgeführt. Die amerikanische Bearbeitung von John L. Balderston lief dann über ein Jahr am Broadway und ging dann für zwei Jahre auf eine Tournee durch Amerika, die alle Rekorde brach.

In der amerikanischen Version trat ein ungarischer Schauspieler auf, der in gebrochenem Englisch den Grafen Dracula so spielte, wie er in unserer Vorstellung lebte: Bela Lugosi im Abendanzug. Niemand konnte wie er sagen: „Hören Sie die Kinder der Nacht? Was für eine Musik sie machen!" Ihm stand auch der Abendanzug und das Cape mit dem hochstehenden Kragen am besten. Dieses Outfit hatte durchaus praktische Gründe. Zum einen war es in der damaligen Zeit insbesondere auf Tourneen sehr schwierig, sich umzuziehen und so ließ man Graf Dracula stilgerecht für die Abendgesellschaften, in denen er zumeist auftrat, im schwarzen Abendanzug mit Cape auftreten. Zudem erleichterte der hohe Kragen des Capes das Verschwinden des Grafen von der Bühne: Er wendet sich um, versteckt seinen Kopf und

Dracula-Kostümentwurf von Peter Cushing. Sammlung Uwe Sommerlad.

Nicht nur im Theater, sondern auch später im Film muß Dracula seinen Frack anbehalten: Filmszene aus *Dracula* (1931) mit Bela Lugosi und Carol Morland.

George Hamilton als Graf Dracula im
Londoner Dungeon-Theatre (1979).

verschwindet durch eine Falltür. Das Cape fällt auf den Bühnenboden, der Vampir hat sich in Luft aufgelöst. Für die damalige Zeit ein toller Effekt. Es hatte nur den entscheidenden Nachteil, dass der arme Graf verdammt war, immer und immer wieder diesen Abendanzug tragen zu müssen. Er ist ihm bis heute nicht entstiegen.

Da jene Bühnenfassung zugleich die Vorlage des ersten Dracula-Films war, wird Graf Dracula auch im Film meist jenen Abendanzug tragen müssen.

Broadway-Theaterszene aus *Dracula* von Hamilton Deane und John L. Balderston mit Ann Sachs, Alan Coates und Frank Langella (von links) in der Titelrolle (1977).

Obwohl es immer wieder Versuche gibt, den Vampir oder die Vampirin in anderer Form auf die Bühne zu bringen, ist diesen Versuchen keine nachhaltige Resonanz gelungen. Zugute halten muss man diesen Produktionen, dass sie das Genre immer am Leben gehalten haben. Und so ist auch nur noch eine Wiederaufführung von 1977 erwähnenswert, die Hamilton Deanes Dracula-Adaption erneut an den Broadway brachte. In den Bühnenbildern von Edward Gorey spielte Frank Langela Dracula als erotischen Liebhaber, der auch in dem John-Badham-Film von 1979 Erfolge feierte. Auch dieser Film adaptiert die Bühnenfassung.

Gegen Ende des 20. Jahrhunderts widmete sich das Musiktheater wiederum dem Vampir oder – besser gesagt – Graf Dracula. 1995 ist in Prag die Uraufführung des Musicals „Dracula", das die Geschichte des Fürsten Vlad Tepes mit Stokers Dracula verknüpft. Leider war es diesem Musical nicht vergönnt, die Grenze Tschechiens zu überschreiten und das europäische Publikum zu erreichen. Um aber dennoch auf die Bühnen Europas und Amerikas treten zu können, nannte er sich Graf Krolock und feierte in Wien 1997 mit „Tanz der Vampire" eine grandiose Wiederauferstehung. Die Story des Musicals ist die fürs Musiktheater umgesetzte Geschichte der erfolgreichsten satirischen Bearbeitung des Dracula-Stoffes: Roman Polanskis Kult-Film „Tanz der Vampire". Wie im Film führte auch im Musical Roman Polanski Regie. Die Adaption von Michael Kunze hat die Rolle des Alfred, die Polanski im Film selbst gespielt hatte, zur zentralen Figur ausgebaut. „Die Charaktere müssen mehr Tiefe haben, können nicht mehr die Trick-

Kostümskizzen für die Figuren im Stuttgarter Musical *Tanz der Vampire*.

Das bekannte Logo des Musicals

Tanz der Vampire:
Kevin Tarte als Graf von Krolock in der Stuttgarter Aufführung.

71

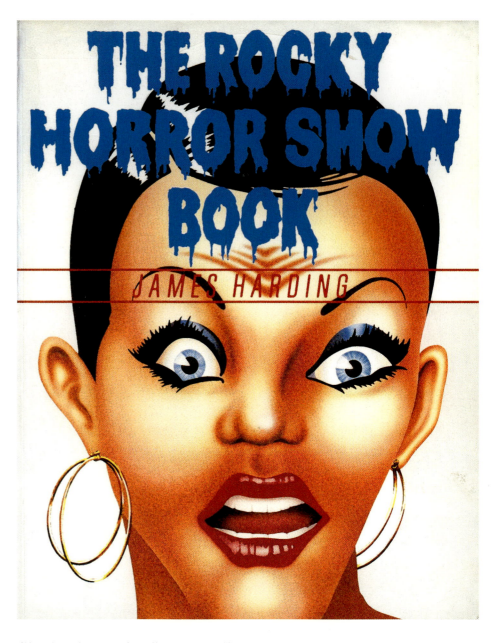

Titelbild des Begleitbuchs zur *Rocky Horror Picture Show* (1987).

filmcharaktere sein, die sie im Film waren", sagt Polanski selbst im Programmheft der Stuttgarter Aufführung.

Graf Krolock ist wie Dracula machtvoll und tragisch, dämonisch und leidend. Während alle anderen Figuren durchaus ironisiert dargestellt werden, bleibt der Vampir ein übermächtiger Fürst der Dunkelheit. Die Musik von Jim Steinman, der auch die Musik für Meat Loaf geschrieben hat und Wagner-begeistert ist, unterstützt diese Ambitionen.

Im Musiktheater oder Musical gibt es ein weiteres Highlight, das sowohl als

Frank N' Furter und Riff Raff aus dem Film *Rocky Horror Picture Show* werden von Tim Curry und Richard O'Brien dargestellt (1974).

Theaterstück als auch als Film Geschichte gemacht hat. Ein süßer Transvestit aus „Transsexuell Transsylvania" schafft sich einen eigenen Lustboy, um sich endlich perfekt zu vergnügen. Dieser wird auf dem Jahrestreffen der „Transsylvanian Convention" vorgestellt. Mitten in diese Feier platzt ein verklemmtes Studentenpärchen. Dieser Heidenspaß nennt sich im Theater „Rocky Horror Show" und im Kino „Rocky Horror Picture Show" und ist der absolute Kult, jetzt bereits in der dritten Generation. Das Stück spielt so gagreich und irrwitzig mit den Mustern des Horror- und Science-Fiction-Genres, dass es seine andauernde Faszination so schnell nicht verlieren wird.

Denn neben der Bühne hat es sich in ein Medium begeben, das erfolgreicher als Bücher die Mythen massenhaft transportiert, in den Film. Und sowohl Graf Dracula wie auch alle anderen Vampire und Vampirinnen nutzen dieses Medium der Neuzeit so grandios wie kaum ein anderes, egal in welcher Verkleidung oder unter welchem Pseudonym.

Die Wiederauferstehung auf der Leinwand

Vampire sind nicht nur unsterbliche Helden in der Literatur und auf der Bühne, sondern vor allem auf der Leinwand. Hier erzielten Graf Dracula und seine Verwandten die größte Massenwirkung. Es gibt nicht weniger als fünfhundert Vampir-Filme. Die meisten stammen aus dem Filmland Nummer Eins, den USA. Aber auch Filmemacher in Portugal und in der Schweiz, in Australien und Kolumbien, Korea und Griechenland, Mexiko und Malaysia nahmen sich des dankbaren Sujets an. In der Hochzeit der Vampir-Filme, Anfang der 70er Jahre, kamen jährlich zwanzig neue Streifen in die Filmtheater.

Bereits mit der Erfindung des Kinos entstand auch der Mythos des Vampirs auf der Leinwand. Seinen ersten Höhepunkt erlebte der Vampir 1922 im Film von Friedrich Wilhelm Murnau „Nosferatu – Eine Symphonie des Grauens". Nach den Schrecken des Ersten Weltkriegs erhält Dracula als Reiter der Apokalypse und als Symbol von Gewalt und degeneriertem blutrünstigen Adel vielschichtige Bedeutung. Mit seinen Licht- und Schattenspielen gehört Murnaus Film zu den großen Kunstwerken des expressionistischen

Friedrich Wilhelm Murnau, am 28. 12. 1888 als Friedrich Wilhelm Plumpe in Bielefeld geboren. Studium der der Philologie und Kunstgeschichte in Heidelberg und Berlin, wo er als Mitglied des Studententheaters von Max Reinhardt zur Bühne geholt wird. Er gilt seit „Nosferatu – Eine Symphonie des Grauens" (1921/22) als einer der bedeutendsten Regisseure des Stummfilms. Ab 1926 arbeitet er in Hollywood; am 11. 3. 1931 ist Murnau in Santa Barbara bei einem Autounfall gestorben.

Das Filmplakat zu *Nosferatu* (1921/22)

Films. Er ist der absolute Stummfilm-Klassiker. Der auf dem Roman „Dracula" basierende Streifen heißt nur deswegen „Nosferatu", weil Murnau keine Drehgenehmigung der Witwe Stokers erhielt. So ist es Max Schreck als Graf Orlog, der dieser Figur gewaltiges untotes Leben einhaucht.

Regisseur E. Elias Merhige spielt in *Shadow of the Vampire* (USA, 2001) mit der gruseligen Idee, dass Murnaus Nosferatu-Darsteller Max Schreck selbst ein Vampir war und bei den Dreharbeiten echtes Blut gebraucht hat. Er erzählt, wie ‚Nosferatu' entstanden sein könnte. John Malkovich spielt den egozentrischen Murnau, der als einziger zu wissen scheint, wer sein Hauptdarsteller wirklich ist.

Willem Dafoe spielt den Nosferatu-Schauspieler Max Schreck aus dem Murnau-Klassiker. Schattenspiele als eine typische Erscheinung des frühen deutschen Spielfilms und ein Wechselspiel aus Farb- und Schwarzweißaufnahmen mit Ausschnitten aus dem Originalfilm werden vom Regisseur bewusst eingesetzt.

Max Schreck in *Nosferatu – Eine Symphonie des Grauens* (1921/22)

Durch Murnaus Einfluss erhielt Dracula/Orlog die tödliche Schwäche der Lichtempfindlichkeit. Tageslicht bringt den bleichen Gesellen zur Auflösung.

Hollywood entwarf sein erstes Dracula-Konzept mit Tod Brownings „Dracula", USA 1930, nach Hamilton Deanes und John F. Baltersons Londoner Bühnenversion von 1927. Es machte Bela Lugosi, den Hauptdarsteller der New Yorker Theateraufführungen, zum ersten Serienstar des Dracula-Kinos, der in B-Produktionen der 30er und 40er Jahre noch einige Male als aristokratischer Blutsauger wiederkehrte.

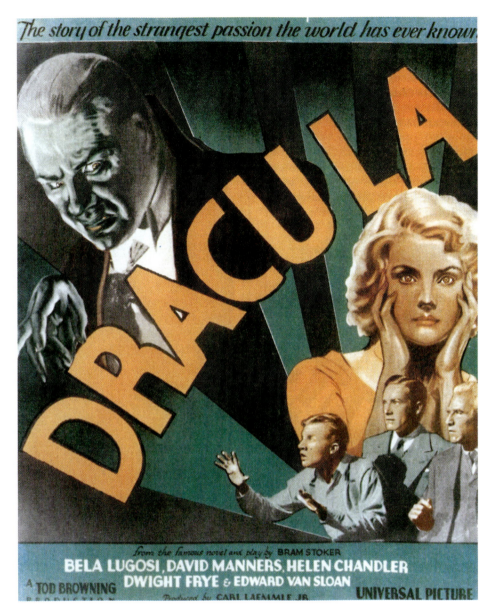

Dracula (USA, 1930).
In Tod Brownings Klassiker wird die Bühnenversion mit Bela Lugosi als aristokratischer Graf Dracula und Edward van Sloan als Professor van Helsing filmisch umgesetzt.

Mit dem Übergang von Nosferatu zu Dracula erfuhr die Figur des Vampirs eine erste entscheidende Differenzierung. Die Gestalt, die bei Murnau einen versteiften und deformierten Körper hat, wird in Bela Lugosi zum Aristokraten mit geziertem Gehabe. Was aber vor allen Dingen bedeutsam ist: Obwohl es ein Tonfilm ist, herrscht im Gegensatz zu dem aufgepeitschten Expressionismus und hektischen Aktionstempo in ‚Nosferatu' eine angespannte Stille. Musik erklingt nur im Vorspann und während einer Konzertsaal-Szene. Stimmen und Geräusche werden spärlich eingesetzt, obwohl es sich hauptsächlich um ein Kammerspiel handelt. Auch die Bildinszenierung ist zurückhaltend und macht diesen Film so bedeutsam. Während des Küssens und Zubeißens gleitet Lugosis regloses Antlitz jedesmal langsam in eine Abblende. Die Pfählung des Vampirs wird nur von der Tonspur und im Affektbild der unter Krämpfen erschauernden Mina verzeichnet. Das Nichtzeigen ist das Meisterstück des Grusels.

Da es noch keine Synchronisationen gab, wurde tagsüber die englische Version mit Bela Lugosi gedreht und nachts eine spanische Version, in der Schauspieler agierten, die den „Original-Schauspielern" täuschend ähnlich sahen. Viele Fachleute behaupten, dass die spanische Version die bessere sei. Der Film kam beim Publikum sehr gut an und wurde zum Mitbegründer der Tradition des Vampir- und Horrorfilmes. 1935 entstand, ebenfalls von Tod Browning gedreht, „Mark of the vampire" und 1936 die echten Fortsetzungen von Dracula, nämlich „Draculas daughter" und „Son of Dracula".

In den 40er Jahren führten die Wirren und Nachwehen des Zweiten Weltkriegs sowie verschärfte Zensurgesetze dazu, dass der blutsaugende Adlige in den Monsterbereich gedrängt wurde. Gewalt unter Monstern wurde toleriert, Gewaltdarstellungen, die sich direkt gegen Menschen richteten, weniger. Obwohl sich die amerikanischen Filmstudios und auch das Filmpublikum nach dem Krieg nicht sehr für Horror- und Vampirfilme interessierten, sondern ihr Interesse vielmehr dem Sciencefictionfilm zuwandten, ließ sich der durstige adlige Blutsauger nicht abschütteln. Immer wieder kamen kleine internationale Vampir-Produktionen zustande, bis 1956 nach dem Tode von Bela Lugosi ein neues Zeitalter des Vampir-Films anbrach.

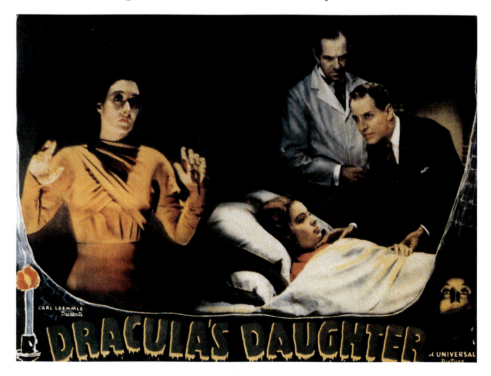

Dracula's Daughter (USA, 1936). Ein Film in der unmittelbaren Nachfolge des Klassikers aus dem Jahre 1930: Der alte Graf (als Puppe mit dem Aussehen von Bela Lugosi verwendet) ist tot. Doch bei seiner Tochter setzen sich die Erbanlagen durch. Edward van Sloan als Vampirjäger van Helsing ist der einzige Darsteller aus dem früheren Film.

78

Die Hammer-Studios in London wurden zur idealen Brutstätte für die blutige Renaissance von Frankenstein und Dracula. 1958 schließlich entstand unter der Regie von Terence Fisher der neue „Dracula", der sich allein schon durch seine Farbigkeit von seinen Vorgängern abhebt und zum modernen Klassiker des Genres wurde.

Christopher Lee prägte nachhaltig die Vorstellung von dem fahlen blutdurstigen Grafen und Peter Cushing formte das Bild des Vampirologen Van Helsing. Das ewige Duell zwischen dem bestialischen Dämon Dracula und dem gestrengen asketischen Wissenschaftler bzw. Geistlichen wurde in vielen der nachfolgenden britischen Dracula-Filme zum Hauptstrang einer Serie, in der sich jeglicher Echtheitsanspruch zugunsten der freudigen Bereitschaft zum Crossover auflöst.

In allen möglichen, sogar den entlegensten Genre-Territorien, ist Graf Dracula zu finden. Alle anderen Figuren weichen dagegen immer mehr von ihrem ursprünglichen Vorbild ab. Zumeist sind es später irgendwelche jugendlichen Heldenpärchen, deren partnerschaftliches Geplänkel nichts mehr mit den früheren romantischen Motiven, z.B. zwischen Mina und Jonathan, zu tun hat. Auf der anderen Seite unterscheidet sich der neue Graf Dracula von seinem Vorgänger insbesondere durch seinen verführerischen Charme, durch seine Bildung und Überlegenheit. Er ist noch brutaler und fordernder, was die besinnungslose Hingabe seiner Opfer keineswegs beeinträchtigt. Dracula ist nicht leidend und getrieben, sondern mächtig und von unstillbarem, immer wieder zubeißendem Blutdurst.

Dracula (Großbritannien, 1957). Peter Cushing (Dr. van Helsing) und Christophier Lee (Graf Dracula) sind im Film von Terence Fisher die Kontrahenten des Horrorfilms.

Christopher Lee als Dracula in *Taste the Blood of Dracula/Wie schmeckt das Blut von Dracula?* (Großbritannien, 1969)

80

Außerdem trägt Dracula erstmalig die zum Mythos gewordenen Attribute seiner Biss- und Saugkraft zur Schau, die charakteristisch langen Eckzähne. Die Inszenierung der Filme ist spannender und schreckt auch vor Gewalttaten nicht zurück. Das Finale stellt alles vorher Dagewesene in den Schatten. Erst in letzter Sekunde gelingt es Van Helsing, den Blutsauger zum Zerfall zu bringen.

Der große Erfolg von „Dracula" motivierte die Hammer-Studios zu einer Reihe weiterer Vampir-Filme („Dracula und seine Bräute", „Kiss of the vampire"), die den Vampir-Mythos in interessanten und pikanten Facetten variieren. „Blut für Dracula" und „Draculas Rückkehr" versuchen, den neuen Dracula-Trend mit mehr Action-Sequenzen, Spannung und Romantik weiterzuführen. „Wie schmeckt das Blut von Dracula", der durch seine spannende Inszenierung ein Bündnis mit dem Abenteuerfilm eingeht, folgt diesem Trend.

Christopher Lee gehört mittlerweile als Synonym für den adligen Blutsauger zu den wesentlichen Bestandteilen der Dracula-Reihe, obwohl einige Filme, wie „Blut für Dracula", beinahe ohne den intensiven Darsteller auskommen müssen. Das ist auch das Einzige, was sie mit der Vorlage zu tun haben, denn auch im Dracula-Roman tritt der Vampir nicht sehr häufig auf. Nur in 16 % aller Szenen ist er dabei.

Der Versuch der Hammer-Studios, Lee aus Kostengründen in Nebenrollen unterzubringen, missglückte. Das Interesse an Dracula bestand zwar weiter, jedoch vornehmlich bei einem jüngeren Publikum. Auf den Geschmack der jugendlichen Dracula-Fans ausgerichtet, entstanden 1972 „Dracula jagt Mini-Mädchen" und 1973 „Dracula braucht frisches Blut". Dies ist der letzte Film mit Christopher Lee als Dracula.

Bereits vor Lees Abtritt hat der bissfreudige Graf großes internationales Interesse genossen, das in den 60er und 70er Jahren durch unterschiedlichste Darsteller und Regisseure in bisweilen doch sehr ausgefallenen Stories Ausdruck findet. Die Parodien nehmen hier den wichtigsten Platz ein. Im Rahmen dieser Produktionen entstand ein Film, den viele als Vampir-Kultfilm schlechthin bezeichnen: Roman Polanskis „Tanz der Vampire". Als er 1967 in USA unter dem Titel „The fearless vampire-killers" oder „Pardon me, but your teeth are in my neck" in die Kinos kam, war es schätzungsweise der 150. Vampir-Film, doch es war die erste erwähnenswerte Vampir-Komödie, die mit dem Mythos umzugehen verstand.

Witzig und tabubrechend erhebt sich dieser Streifen souverän über die Massenproduktionen seiner Zeit. Zielsicher spielt der Meister mit den Ausdrucksformen der Mythen des Vampir-Metiers. „Es ist eine Parodie auf das Genre, hauptsächlich auf das Kino. Und vor allem auf Hammer, jene britische Produktionsgesellschaft, die Massen von Vampirfilmen herstellte ...", so drückt es Polanski selbst aus (Interview im Programmheft zu „Tanz der Vampire" in Stuttgart) und betont dabei, dass es keine Parodie auf die Welt der Vampire ist, „weil die ja gar nicht existiert!"

Blacula, Filmszene mit William Marshall (USA, 1972).

Handwerkliche Maßstäbe setzte der weniger bekannte Film von Mario Bava, der als die „Die Stunde, wenn Dracula kommt" („La Maschera del Demonio") Mitte der 60er Jahre in die deutschen Kinos kam. Eindrucksvoll, wie der Regisseur eine statisch düstere Atmosphäre in bewegte und bewegende Bilder umsetzt. Avantgardisten, wie William Grain, schufen mit „Blacula" 1973 den ersten schwarzen Vampir der Filmgeschichte. Regie-Exzentriker, wie Andy Warhol, bemühten sich um eine Neuinterpretation

82

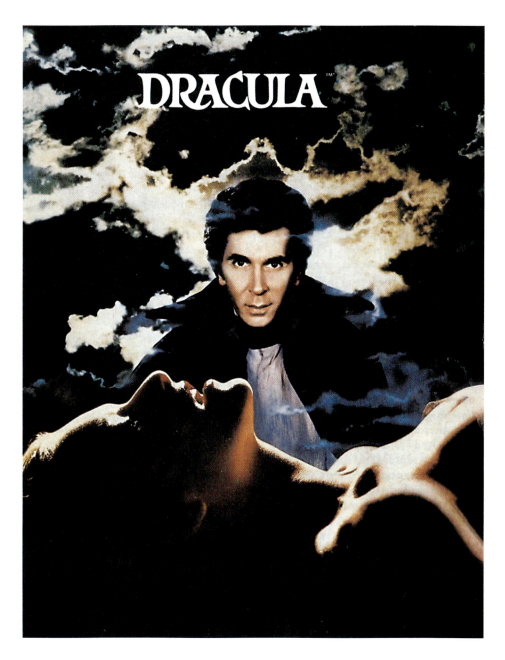

Dracula (USA, 1979). Wie Tod Brownings „Dracula" von 1931 folgt auch dieser Film mit Frank Langella in der Titelrolle der Broadway-Theaterversion von Hamilton Deane und John L. Balderston.

mit Akzentuierung des Gewalt- und Erotikgehaltes der Dracula-Story (Andy Warhols „Dracula"). Roger Vadim leistete mit seinen Filmen eine eigene gesellschafts- und psychologiebezogene Auslegung der Geschichte des Blutsaugers. Der Regisseur, der 1956 mit „Und immer lockt das Weib" bekannt wurde, schuf 1960 mit „Et mourir de plaisir" einen außergewöhnlichen Vampir-Film, der auf der Novelle „Carmilla" basiert. Vadims provokante Verbindung von Phantastik und Sexualität stellt er in Traumbildern dar. Seine Methode, die sexuelle Ausstrahlung der Hauptdarsteller vor die Handlung zu stellen, erreichte mit dem Science-Fiction-Film „Barbarella" ihren Höhepunkt.

Ab Mitte der 70er Jahre ließ das Interesse an den Vampir-Filmen deutlich nach. Neuere Genres, wie Zombie- und Katastrophenfilme eroberten den Markt. Dennoch entstanden einige sehr erwähnenswerte Filme aus der Welt der blutsaugenden Unsterblichen. John Batham gestaltet seinen Dracula als erotisch-leidenschaftlichen Liebhaber, während Stan Dragotis spritzig amüsante Komödie „Liebe auf den ersten Biss" (beide USA, 1979) ganz nebenbei berühmte Szenen der Filmgeschichte persifliert. Toni Kurtz „Begierde" (USA, 1982) mit Catherine Deneuve, David Bowie und Susan Sarandon erzählt die Geschichte in opulenten, ungewöhnlich schnell geschnittenen Bildern. Last but not least ist Kathe Bigelows „Near Dark" ein Vampir-Film im Gewand moderner Roadmovies (USA, 1988).

Einer der wenigen Filme, die die Vormachtstellung der Amerikaner aufbrechen, ist Werner Herzogs deutsch-französische Co-Produktion „Nosferatu, Phantom der Nacht" (1978) mit Klaus Kinski in der Titelrolle. Herzog orientiert sich zwar an der Formensprache Murnaus, erreicht aber nicht dessen Perfektion im Spiel mit Licht und Schatten.

Nachdem es in den 80er Jahren relativ ruhig war, erlebten die Vampire Anfang der 90er Jahre durch die bereits erwähnte Thematisierung von Aids

Im Werner Herzog-Film *Nosferatu* gibt sich Lucy Harker (Isabelle Adjani) Nosferatu (Klaus Kinski) hin.

84

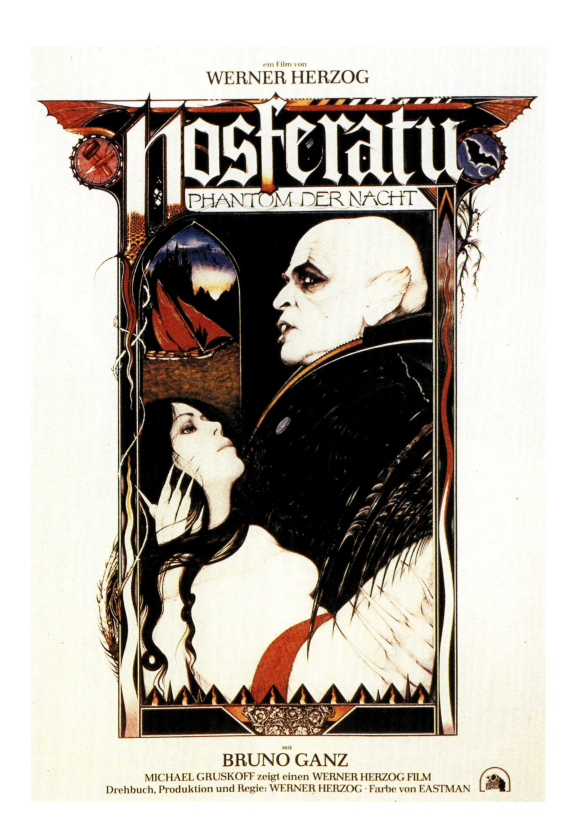

Der Werner Herzog-Film *Nosferatu – Phantom der Nacht* (Deutschland/Frankreich, 1979) hält sich in Aufbau und Inhalt weitgehend an das Vorbild des Murnau-Klassikers. Obwohl es sich hier demnach nicht um eine direkte Verfilmung des Romans handelt, werden die Personennamen aus Stokers Roman verwandt. Bruno Ganz spielt Jonathan Harker.

Interview mit einem Vampir (USA, 1994). Film von Neil Jordan mit Tom Cruise und Brad Pitt. Filmszene mit Tom Cruise als Lestat.

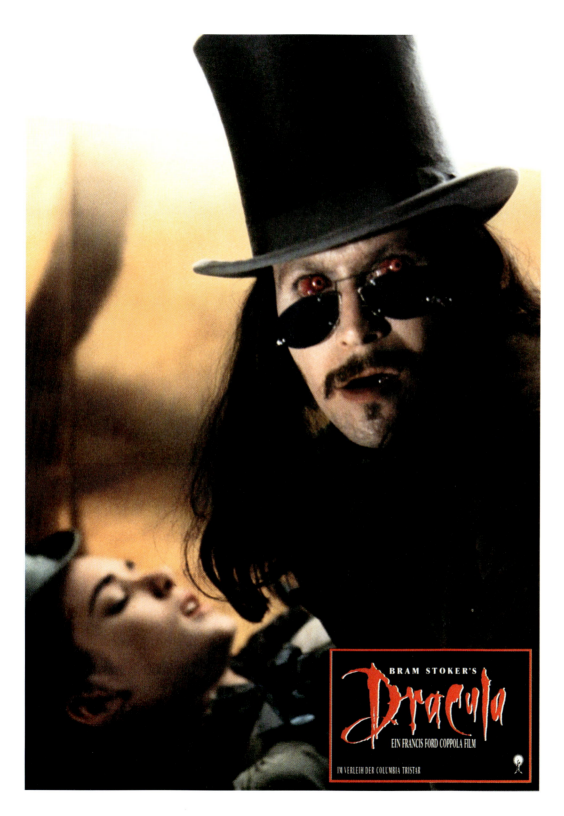

Bram Stoker's Dracula (USA, 1992). Francis Ford Coppola behauptet, den Roman von Bram Stoker originalgetreu verfilmt zu haben. Das Foto zeigt Dracula (Gary Oldman) mit seinem Opfer Mina (Wynona Ryder).

Le Frisson des Vampires von Jean Rollin (1970). Das Plakat wurde von einem Freund Rollin's, dem Comic-Zeichner Philippe Druillet, entworfen. Mit Rollin's Filmen wird das Genre endgültig zum Sexfilm.

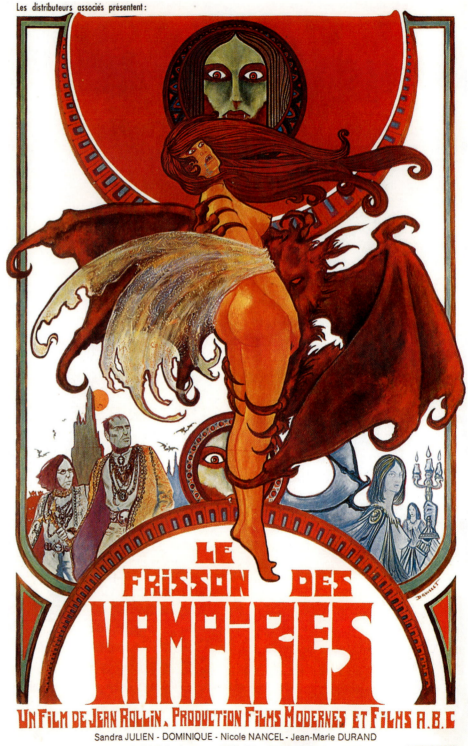

eine Auferstehung. Mit modernsten Mitteln der Animation entstanden Blockbuster-Filme wie John Carpenters „Vampire" und „Bram Stokers Dracula" von Francis Ford Coppola (1992) sowie „Interview with the vampire", der erste Film nach einem Roman von Anne Rice.

Dieser Film mit Tom Cruise und Brad Pitt, obwohl optisch brillant, erzählt leider nicht die Geschichte des Buches. Die homoerotischen Neigungen Lestats sind es, die im Film zu kurz kommen, aber den eigentlichen Gehalt der Geschichte ausmachen. Aber Hollywood-Mainstream-Kino mit einem schwulen Tom Cruise, undenkbar!?

John Carpenters „Vampire" ist ein vampiristisches Wild-West-Road-Movie, ein Splatter-Movie für den Mainstream.

So war es Coppola vorbehalten, den Grafen wieder ins rechte Licht zu rücken. Obwohl er behauptet, den Roman verfilmt zu haben, geht er nicht sehr behutsam mit der Romanvorlage um. Anfang und Schluss ändert er völlig. Finster entschlossen schneidet er alte Zöpfe des Vampir-Sujets ab. So findet erstmals eine Dracula-Figur durch die mordende Hand der Geliebten ein völlig humanes wie unumkehrbares Ende. Doch hier und da schlägt der

Der dämonische Liebhaber verliert seine Wirkung nie: Frank Langella als Graf Dracula und Kate Nelligan als Lucy Seward in John Badhams Film aus dem Jahre 1979.

89

Kultfilmer Coppola augenzwinkernd einen Bogen zu den Anfängen. Wie schon im Film „Nosferatu" aus dem Jahre 1922 richtet sich sein Vampir senkrecht im Sarg auf und verkündet wie Bela Lugosi im Film aus dem Jahre 1930: „Ich trinke niemals Wein."

Bei allen Irrungen und Wirrungen, die der Superheld der Schattenwelt zwischen Mehmed Mutetas türkischer Variante „Dracula Istanbulda" und Juan Fortunes spanischer Version „Draculin" durchmachen musste, blieb seine Beliebtheit doch allerorten ungebrochen. In Italien muss er sich in „Macistes größtes Abenteuer" mit Sandalenhelden herumschlagen. So ist es ein japanischer Vampir, der als Christ entlarvt wird, weil er die Heilslehre „wer von meinem Fleisch ißt und von meinem Blut trinkt" unzulässig ausweitet. So seltsam die Blüten manchmal sind, die da austreiben, so bemerkenswert ist die Tatsache, dass sie immer dafür gesorgt haben, dass der Vampir nie ganz verschwand, egal ob in der Literatur, auf der Bühne oder im Kino. Auch das 21. Jahrhundert wird den Grafen wieder auferstehen lassen. Wes Cravens „Dracula 2000" wird nochmals dafür sorgen, dass man schreit, wenn man kann (Wes Craven ist der Regisseur von „Scream – Schrei, wenn Du kannst", ein sehr erfolgreicher Teenie-Horror-Film), und auch Lestat wird in einer weiteren Adaption von Anne-Rice-Romanen wiederum auf der Kinoleinwand erscheinen.

Vampirinnen auf der Leinwand

Die ersten Filme, die sich dieses Sujets annahmen, waren gar keine echten Vampirfilme. Es handelt sich dabei um eine Vielzahl von Kurzfilmen, die zwar im Titel das Wort Vampir führen, aber weder etwas mit Blutsaugern zu tun haben noch irgendwelche übernatürlichen Inhalte aufweisen. So zeigen etwa die Filme „Vampires of the coast", 1909, „The Vampire", 1911, „The Vampires Clutch", 1914, „Vampires of the night", 1914, „Tracked by vampire", 1916 und „Village-Vampire", 1916, ausschließlich Vamps und keine Vampire. Der wahrscheinlich erste Kurzfilm, der einen wirklichen Vampir zeigt, ist der britische Film „The vampire" von 1913. Darin tötet eine Vampir-Frau in Indien zwei Männer, die dann aber nicht in Fledermäuse, sondern in Schlangen verwandelt werden.

Vampirinnen als eigenständige Titelheldinnen gibt es in der ganzen Geschichte des Vampir-Films, angefangen bei "Draculas daughter" im Jahre 1936. Der Film ist eine direkte Fortsetzung von „Dracula" aus dem Jahre 1930. Graf Dracula ist tot, und seine Tochter versucht verzweifelt, ein normales Leben zu führen. Doch ihre Erbanlagen lassen dies leider nicht zu. Derweil muss sich Van Helsing wegen der Ermordung Draculas vor Gericht verantworten und versucht verzweifelt, den ungläubigen Engländern die Bedrohlichkeit der Vampire begreiflich zu machen.

Bereits 1931 verfilmte Karl Theodor Dreier „Carmilla", den lesbischen

Vampir-Roman des irischen Schriftstellers Sheradan Le Fanu unter dem Titel „Vampir, der Traum des Allan Grey". Weitere beachtenswerte Verfilmungen von Carmilla sind der bereits erwähnte Streifen „Und vor Lust zu sterben" von Roger Vadim aus dem Jahre 1960 und „Die Gruft der Vampire" von Roy Ward Baker aus dem Jahre 1970.

Die Vampire/Les Vampires von Louis Feuillade (Frankreich, 1915/16). Die Schauspielerin Musidora, Darstellerin der Irma Vep, der ebenso schönen wie gefährlichen Verbrecherin in den Folgen 3–10 der zehnteiligen Filmserie.

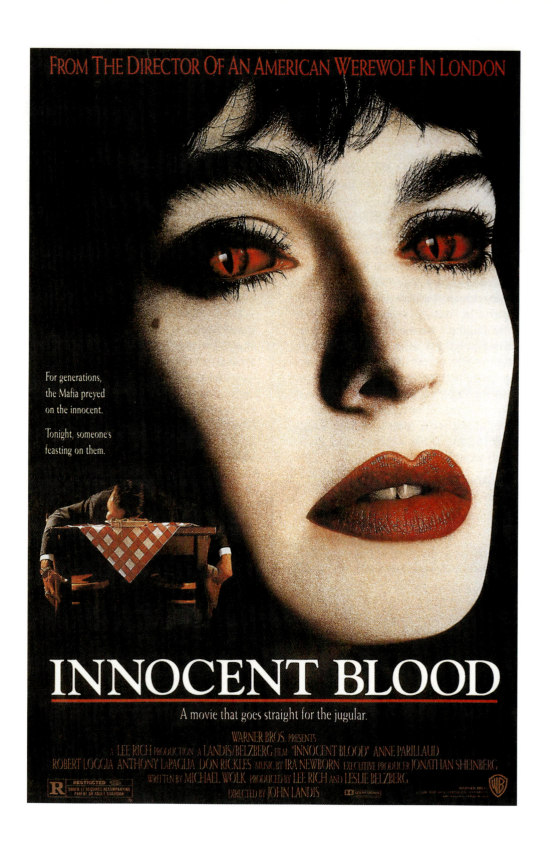

Innocent Blood (USA, 1992): einer von zahlreichen Filmen mit weiblichen Vampiren als Hauptfigur.

Mit der sogenannten sexuellen Befreiung wurden gerade die Vampirinnen-Filme immer erotischer und pornografischer. Der bedeutendste Regisseur solcher Filme war Roger Vadim.

Ein in dem Zusammenhang immer wieder erwähnter Film ist „Vampiros Lesbos" von Jess Franco (BRD/Spanien, 1970). Dieser Film ist nur unter dem Aspekt des Zeitgeistes interessant, als filmgeschichtliches Dokument nur von untergeordneter Bedeutung. Ganz im Gegensatz zu dem Film „Blut an den Lippen" von Harry Kümmel, ebenfalls aus dem Jahre 1970. Dieser Film erzählt die Geschichte der Gräfin Barthory in einer etwas anderen Art und Weise und kann durch seine Art des Erzählens durchaus überzeugen.

Ende der 80er Jahre kam es zu einem erneuten Boom der Vampirinnen im Kino. Diese Phase wurde insbesondere repräsentiert durch zwei Filme: „Vamp" von Richard Weng mit Grace Jones in der Hauptrolle aus dem Jahre 1986 und dem zweiten Teil von „Fright Night" von Tom Holland. Der letzte große Vampirinnen-Film ist „Innocent blood" aus dem Jahre 1992 von John Landis, der mit „American Werwolf" den aus meiner Sicht besten Werwolf-Film gedreht hat. Der von der Anlage her ähnliche Film zeigt eine Vampirin, die sich in einen Menschen verliebt, was notwendigerweise zu sehr gefährlichen und hochdramatischen Verwicklungen führt.

Im selben Jahr entstand auch „Buffy, the vampire slayer", der als Vorlage zur gleichnamigen Fernsehserie diente, die Ende der 90er Jahre Kultstatus erlangt.

Der Vampir im Fernsehen

House of Dark Shadows (*Schloss der Vampire,* USA, 1970) mit Jonathan Frid – die Filmversion der erfolgreichen Fernsehserie von Dan Curtis (USA, 1966–71).

Mit der Ausstrahlung der Vampirfilme im Fernsehen erreichten Graf Dracula und seine Gefährten noch weitere Kreise der Bevölkerung. Insbesondere junge Leute sind begeistert von diesen Filmen. Der erste große Erfolg gelang Regisseur und Produzent Dan Curtis mit der TV-Horrorserie „Dark Shadows", die von 1966 bis 1970 täglich vom amerikanischen Fernsehen ausgestrahlt wurde.

Romanautor Richard Matheson und Dan Curtis entwickelten 1972 gemeinsam eine Fernsehversion von „Dracula", die eindeutig zu den besseren Filmen zählt. Der Film ist stark an den Dracula-Roman angelehnt, wenngleich er in einigen Details Variationen aufweist und das Ensemble radikal reduziert. Hier wird zum ersten Mal mit dem Thema gespielt, das in Coppolas Dracula-Film von großer Bedeutung ist, nämlich die Liebe des lebenden Grafen Dracula Vlad Tepes zu seiner Frau, durch deren Tod er sich der dunklen Seite zuwendet.

Das Fernsehen hat seit den 70er Jahren immer wieder Beiträge geleistet, die durchaus erwähnenswert sind, insbesondere die 1978 in England entstandene Version von „Dracula". Diese BBC-Produktion zeigt Louis Jourdan als einen eleganten französischen Beau, unter dessen Fassade die vampirische Gier kaum zu unterdrücken ist. Aus meiner Sicht lebt in diesem „Dracula" Lord Ruthven am überzeugendsten wieder auf.

Ab dieser Zeit nahm die Zahl der Fernsehproduktionen auch ständig zu. 1979 brachte CBS Kings Roman „Salems Lot" ins Fernsehen. Als Miniserie konzipiert, wurde dieser Film später auf Spielfilmlänge gekürzt und damit spannungs- und aktionsreicher.

Und was zeichnet das Fernsehen am meisten aus? Serien. Wer an Serien denkt, kommt selbstverständlich an den „Munsters" und der „Addams Family" nicht vorbei. Ein herrlicher Spaß, denn diese Familien sind Horrorfamilien mit Herz, Gemüt und Biss, die sich vergeblich bemühen, ein sogenanntes ganz normales Leben zu führen. Diese Parodie des ganz normalen Lebens ist es, was diese Serien auszeichnet.

Und auch in einer anderen Serie durften Vampire nicht fehlen. In zwei Folgen von „Raumschiff Enterprise", nämlich „The man trap" und „Obsession", tauchen Vampire auf, allerdings nicht in der Gestalt, wie wir sie kennen, sondern als eine bestimmte Art von fremden Wesen, mit der sich die Crew der „Enterprise" immer wieder herumschlagen muss.

In den 80er Jahren wurde es ruhig um die Vampire, auch im Fernsehen. Erst Ende der 80er Jahre tauchte mit Nick Night ein Vampir-Detektiv auf, der auf

Die *Addams Family* (Filmfassung der Fernsehserie von 1991).

Bild aus der kindischen TV-Serie „Dracula – The Series".

der guten Seite kämpft. Für welchen Beruf ist ein Vampir besser geeignet, als für einen Polizisten, der Mörder und Gangster jagt und der das Böse auszutreiben sucht?

Anfang der 90er Jahre wurde „Dracula, the series" und 1991 eine neue Miniserie „Dark Shadows" produziert. Auch in den „Geschichten aus der Gruft", die ab 1991 liefen, tauchen selbstverständlich Vampire wieder auf. Ende der 90er Jahre wurde aus einem Vampir-Rollenspiel die Fernsehserie „Clan der Vampire". Eine gutgemeinte Idee, die man jedoch als gescheitert betrachten muss. Die Folgen sind schlicht und ergreifend langweilig.

Das änderte sich, als Mitte der 90er Jahre „Buffy" auf dem Fernsehschirm erschien. Die Idee zu dieser Gruselkomödie hatte Jos Whedon, der zeitweilig als Autor zur Sitcom „Rosanne" beisteuerte und an den Drehbüchern der Kinofilme „Toysstory", „Alien – Die Wiedergeburt" und „Speed" mitwirkte. Angeblich kam er auf die Idee für eine solche Figur, weil es ihm zuwider war, welche Geschlechterklischees herkömmliche Horrorfilme immer weiter transportierten. So ist die Blondine immer das Opfer, das bedroht wird und entweder unter der Bettdecke verschwindet oder kreischend davonrennt. Die Kamera hat natürlich nichts Besseres zu tun, als sich daran zu weiden. Bei Buffy ist es anders. Sie ist zwar auch blond und ein typischer amerikanischer Teenie, der nichts anderes als Boys und Chearleading im Kopf hat, aber sie stellt sich ihren Feinden und verdrischt sie nach allen Regeln der Kampfkunst. Die Serie entstand nach dem Kinofilm „Buffy, der Vampirkiller", der 1992 in die Kinos kam. Darin spielt Christie Swanson den Teenie Buffy, der erklärt wird, dass sie zur Jägerin bestimmt sei und dass in Zukunft ihre Hauptaufgabe darin bestehe, Dämonen und insbesondere Vampire zu jagen.

Der Film wurde in den Kinos ein leidlicher Erfolg, dafür auf dem Videomarkt ein umso größerer. Und so entstand die Idee, den Stoff für das Fernsehen zu adaptieren und eine Serie daraus zu machen. Mit Beginn der Serie wechselte die nunmehr von Sarah Michele Gellar gespielte Buffy in ein neues Revier, die Kleinstadt Sunny Dail. In ihrer alten Schule war sie aufgefallen, weil ihre Rettung der Welt nicht bemerkt werden durfte und sie sich deswegen nicht so benahm, wie es die Erwachsenen wollten. Aber in Sunny Dail geht es genauso weiter, denn die Stadt wurde über einem Höllenschlund erbaut, der Geistern, Ghoulen und anderen garstigen Gestalten als Ausstieg dient. Da auch hier ihre Mission vor Eltern und Lehrern verborgen bleiben muss, gilt sie unter den Erziehungsberechtigten als renitent und schwer erziehbar. Dass ihre Mutter alleinerziehend ist, erschwert das Ganze noch. So wird sie zur Außenseiterin und findet natürlich auch nur Freunde unter den anderen Außenseitern ihrer Schule. Für Buffy und ihre Freunde stellt sich immer wieder die Frage, ob Lehrer und Eltern oder generell alle Erwachsenen nicht die schlimmeren Dämonen sind als die, die aus dem Höllenschlund kommen. Da ist der Schuldirektor, der seine Zöglinge mit deftigen Verwünschungen malträtiert, oder die Mutter einer

*Buffy: Im Bann der Dämonen.
Buffy*-Darstellerin (Sarah Michelle
Gellar) aus der Pro 7-Mysterie-Serie
von Century Fox, abgebildet in einem
Comic (1999).

Mitschülerin, die in den Körper ihrer Tochter wechselt, um nochmals Chearleaderin zu sein, oder der machtbesessene Bürgermeister, der mit Ungeheuern im Bunde ist, um seine Macht auszuweiten. Und die Lehrer sind auch nicht besser.

Genau aus diesem Spannungsfeld bezieht „Buffy" seine Attraktion und hat damit das Zeug zu einer Kultserie. Um das Ganze noch etwas zu verkomplizieren, verliebt sie sich ausgerechnet in einen Vampir, der, wie könnte es anders sein, auf die gute Seite gewechselt ist. Der Vampir Angel könnte in seiner ganzen Tragik und Zerrissenheit durchaus Anne Rices Vampir-Chroniken entschlüpft sein. Selbstverständlich kann das Paar nicht zusammen bleiben, denn Angel ist mit einem Fluch belegt, der durch die Liebe wieder ausgelöst wird. So wechselt Angel nach Los Angeles, woher Buffy gekommen war und wo es jede Menge dunkler Engel gibt, die es zu vernichten gilt. Dort bekommt Angel dann seine eigene Serie.

Der Kampf geht weiter.

Vampir in der
Karikatur.
Holzschnitt nach
Walter Crane,
um 1890.

COMIC

In den Vereinigten Staaten wurden in den 30er Jahren die ersten Comic-Books mit Nachdrucken der populären Tageszeitungsstrips als kostenloses Werbegeschenk angeboten. W. C. Gaines hatte als Erster die Idee, die Gratishefte „Famous Funnies" mit 10-Cent Aufklebern zu versehen und den Händlern anzubieten. Innerhalb von wenigen Tagen war die gesamte Auflage ausverkauft. Das war der Beginn des Comic-Booms, der seinen Höhepunkt jedoch erst in den 50er Jahren erreichen sollte. In diesen, auch für die Comic-Welt hektischen zwanzig Jahren, entwickelten sich aus den einstmals so beliebten „Funnies" die Abenteuer- und Science-Fiction-Comics und schließlich das Horror-Genre. Willam C. Gaines sah diese Entwicklung voraus und verpflichtete rechtzeitig eine Reihe von talentierten Zeichnern, die sich ausschließlich diesem neuen Metier widmeten. Zu erwähnen sind hier vor allem Johny Craig, Jack Davis, Frank Frazeta und Al Williamsen, um nur einige zu nennen.

Gaines suchte auch nach Autoren außerhalb der Comic-Industrie. So machte er z. B. Ray Bradbury mit den Comics vertraut und regte an, die Werke von Edgar Allan Poe sowie die klassischen Horrorgeschichten von Horace Walpole und Mary Shelley als Grundlage zu benutzen. So enstanden die phantastischen Comic-Serien, wie „Tales from the crypt", „The Hount of Fear" und „The Vault of Horror". Neben allem Grusel und aller Blutrünstigkeit waren diese Comics gleichzeitig auch ein Angriff gegen Bigotterie und soziale Ungerechtigkeit. Man spürte die liberale Gesinnung.

Im Jahre 1954 veröffentlichte der New Yorker Psychiater Frederic Wertham das Buch „Verführung der Minderjährigen". Er gab darin den Comics die Schuld an der Zunahme der Jugendkriminalität und dem moralischen Zerfall unserer Gesellschaft.

Am 2. Mai 1969 wurden im Federal Court House von Bridgeport Conneticut die Comics durch Gerichtsbeschluss zur Kunst erklärt. Fünf Jahre zuvor hatte Frederic Wertham in einem Buch „Sign for cain" noch einmal in aller Deutlichkeit darauf hingewiesen, dass Comics die Jugend verderben. Er sah aber auch, dass das Fernsehen diese Aufgabe in zunehmendem Maße übernehmen würde. Wertham sah in den Herstellern und Verlegern von Comics schlechthin sadistische Vampire, die die Lebenssäfte der unschuldigen Kleinen aussaugten. Comics stellten eine systematische Vergiftung der kindlichen Spontanität dar und stellten die Weichen für spätere aggressive Verbrechen. Und selbstverständlich, was ja noch viel schlimmer ist, verführen sie zu sexuellen Perversionen.

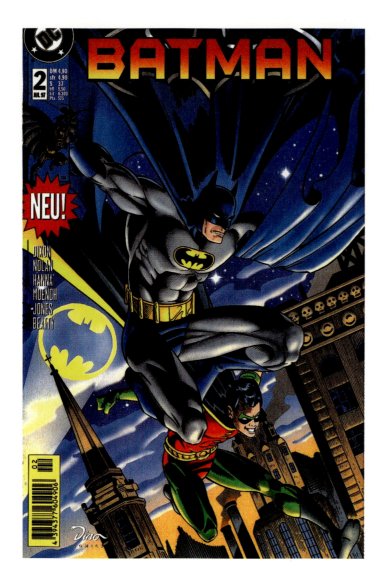

Eine Fledermaus verkündet ihre Mission – Titel und Seite aus *Batman-Comic* (1997).

In diesem Spannungsfeld bewegen sie sich heute noch. Für die einen ist es „hohe Kunst", während es für die anderen nichts weiter ist als Trivialität. Eins ist jedenfalls sicher: In den Comics konnte zum ersten Mal in Buchform das bildlich dargestellt werden, was man in der Literatur bisher nur nachlesen konnte. Geschichten von Menschen, die unmenschlich stark waren, von Toten, die wieder auferstehen, von Dämonen, die die Erde bevölkern und selbstverständlich auch von Vampiren und sonstigen dunklen Helden.

Der bekannteste dunkle Held im Bereich der Comics ist Batman. Batman ist keine Gestalt des Übernatürlichen und hat mit Graf Dracula nur so viel gemein, dass er die Nacht liebt. Batman ist die Figur des dunklen Rächers, des schwarzen Helden, der, weil die Obrigkeit versagt hat, seinen Rachefeldzug alleine durchführen muss. Batman ist am Tage der reiche Müßiggänger Bruce Wayne, der durch seinen Lebenswandel als Mäzen und Liebhaber der schönen Künste in der Öffentlichkeit erscheint. Man könnte ihn als Playboy bezeichnen, so wie den Vampirfan Gunther Sachs, dessen Vampirpartys in St. Moritz berühmt waren. Aber gerade Batmans Verhältnis zu Frauen scheint gestört. Selbstverständlich taucht da immer wieder eine auf, aber Bruce Wayne kann sich ihr nicht zuwenden, da sie seine dunkle Seite nicht erfahren darf. Dass dies mit dem Verlust der Mutter zu tun haben könnte, drängt sich fast auf. Denn der Grund für die Rachefeldzüge Bruce Waynes ist die Ermordung seiner Eltern, bei der auch er zugegen war und denen er nicht helfen konnte. Dieses traumatische Ereignis ist die Triebfeder seines Handelns. Um den Tod seiner Eltern zu rächen, zieht Batman jede Nacht durch Gotham City, um nicht nur jene Verbrecher zu jagen, die seine Eltern töteten, sondern „das Gesindel von den Straßen zu holen".

Ich spare mir an dieser Stelle eine psychoanalytische Interpretation und verweise nur auf die teilweise verirrte Sexualität der Vampir-Geschichten. Insofern haben Batman und Dracula doch einiges gemeinsam.

Batman ist kein Übermensch, aber er ist hervorragend austrainiert, sehr intelligent und verfügt über die modernste Technik. Das muss er auch, denn sein Fledermauskostüm müsste eigentlich ganz erheblich stören bei all diesen akrobatischen Leistungen, die er zu vollbringen hat. Gerade dieses Kostüm ist es, das ihn der Nachtseite zuordnet. Die Fledermaus, lautlos, unsichtbar und blitzschnell, zeichnet die Charakteristika Batmans vor. Dass solche Figuren gerade in Zeiten des Krieges oder sonstiger Wirren und Nöte Hochkonjunktur haben, ist sehr gut verständlich. Bob Kanes Batman kam 1939 auf den Markt und erreichte sofort ein Massenpublikum. Während es für das männliche und jugendliche Publikum vor allen Dingen die heldenhaften Taten Batmans sind, die ihn erfolgreich machen, so ist es für das weibliche Geschlecht die Zerrissenheit, die ihn so attraktiv macht, denn jede Frau scheint diejenige zu sein, die ihn von seinen Qualen erlösen kann. Leider kommen sie nicht zusammen.

Ganz im Gegensatz zu anderen Comics, in denen gerade die sexuelle Vereinigung überhöht dargestellt wird, denn weder Falte, noch Orangenhaut oder Fettpölsterchen stören das Bild vollendeter Körper, wie sie insbesondere bei den weiblichen Vampirinnen vorzufinden sind. Dass die leidenschaftliche Obsession der vampiristischen Vereinigungen vielen Zeichnern Gelegenheit gibt, sich in der Darstellung von perfekten Körpern und deren Handlungen auszutoben, liegt auf der Hand. So verwundert es nicht, dass gerade im Bereich der Comics die Vampirin im Vordergrund steht. Die wichtigste Comic-Figur in diesem Bereich ist „Vampirella", eine an Lilith angelehnte Frauenfigur, die sehr dämonisch, aber auch als Heldin dargestellt wird. „Vampirella" entstand 1969 in einer Zeit der sogenannten sexuellen Befreiung. Ihr Schöpfer, Jim Warren, kam auf die Idee zu „Vampirella", nachdem er den Film „Barbarella" mit Jane Fonda gesehen hatte.

Metamorphose vom Panther zur Frau – Schlussbild aus einer Episode *Pantha vs. Vampirella* (1997). Eine Crossover-Geschichte, die dem amerikanischen Sex-Filmemacher Russ Meyer gewidmet ist. (Comic aus dem Jahr 1997)

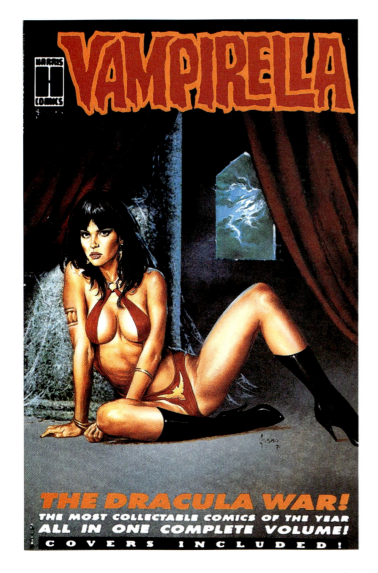
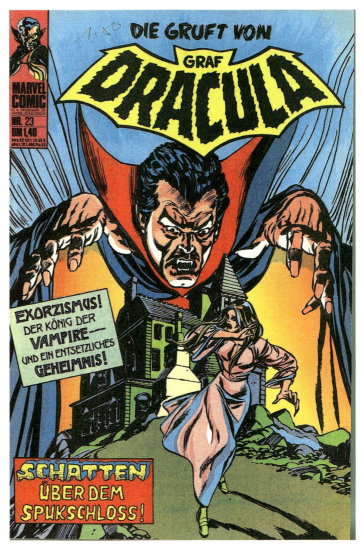

Er befand, dass dieser Mix aus Sex, Abenteuer und Heldentum sehr wohl auf das Horrormilieu zu übertragen ist. So verwundert es nicht, dass der Name „Vampirella" sehr stark an „Barbarella" erinnert. Die Ausgestaltung der Figur leistete er zusammen mit Forest J. Ackerman. Die beiden beschlossen, dass die Vampirin vom Planeten Draculon kommt, wo in Flüssen menschliches Blut rinnt. Diese Szenario übersetzte Frank Frazeta, einer der bekanntesten Zeichner und Maler dieses Genres, in ein Bild, nach dem „Vampirella" ihre endgültige Figur und Charakterzüge erlangt hatte.
„Vampirella" erlebt alle ihre schrecklichen Abenteuer in dunklen Welten inklusive der Erde, die mit Monstern, Dämonen und sonstigen schrecklichen Gestalten bevölkert sind. Oftmals sind die Schrecklichsten die Menschen. Kehrt sie in ihre Welt nach Draculon zurück, so hat sie dort eine ganz ge-

Vampirella. Die bekannteste weibliche Vampirin im Comic-Bereich kommt aus den USA. (Titelabb. aus dem Jahre 1993)

„Graf Dracula" erscheint seit 1972 in der Marvel Comics Group. (Titelabb. aus dem Jahr 1975)

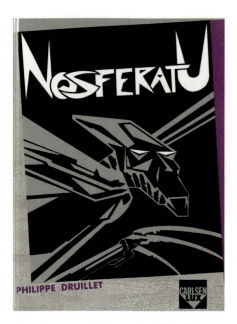

Nosferatu von Philippe Druillet. Ein literarischer Comic aus dem Französischen, der Baudelaire folgt (1989/90)

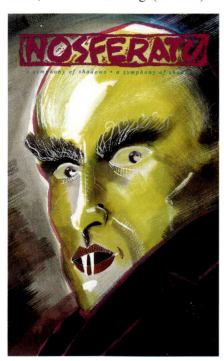

Amerikanische *Nosferatu*-Adaptation von Rafael Nieves und Ken Holewczynski (1991)

fährliche Gegenspielerin, ihre Mutter. Und diese Mutter hat einen sehr interessanten Namen, Lilith, jene Dämonin der christlich-jüdischen Mythologie, die Gegenstand unseres ersten Kapitels ist. Wie in allen Comic-Serien sind es hier die sogenannten Cross-Overs, die dazu führen, dass alle Helden oder Antihelden sämtliche anderen Helden oder Antihelden treffen. So trifft sie in dieser Geschichte auch Dracula, interessanterweise im Vatikan, oder sonstige Gestalten der Horror-Comic-Szene.

Von Vampirella abgeleitet, gibt es weitere lilithähnliche Figuren, die man durchaus als ihre Schwestern ansehen kann, sei das nun Pantha oder Purgatori. Diese Figur ist auch gleich als Vampirin zu erkennen. Sie hat Fledermausflügel, Teufelshörner, ein Vampir-Gebiss und entstammt der Hölle. Ihr Name bedeutet „Fegefeuer".

Selbstverständlich tummeln sich auch in der Comic-Szene von Anfang an Graf Dracula, Nosferatu und alle sonst bekannten Vampire, bis hin zu Lestat. Während sie in den anderen Genres den Ton angeben, ist ihnen dies im Bereich der Comics nicht geglückt. Graf Dracula führt hier ein Schattendasein oder ist der Gegenspieler einer der anderen Helden. Außer in ein paar Kunstcomics, die in einer kleinen Auflage das Sammlerherz höher schlagen lassen, erreichen Graf Dracula und Nosferatu nie den Glanz wie in Film oder Buch. Der Grund dafür ist für mich eindeutig: Graf Dracula braucht die Phantasie des Hörers, des Lesers und des Sehers. Wenn er seinen Mantel ausbreitet, kann die eigene Phantasie alle dunklen Wünsche und Träume unterbringen. Und dies ist im Comic nicht möglich. Hier wird alles gezeigt und lässt keinen Platz für die eigene phantastische Ausgestaltung. Insofern ist es nicht verwunderlich, dass optisch reizvollere Gestalten hier den Vorrang haben.

GRAF ZAHL, VAMPIR-ENTEN UND ANDERE ROLLENSPIELER

„Der kleine Vampir"

Im Jahre 2000 haben rund 2200 Kinder im Rahmen des Frankfurter Lesepasses eine Auswahl an Neuerscheinungen auf dem Kinderbuch-Markt gelesen und bewertet. Das Ergebnis spricht für sich, es wurde ein klares Votum abgegeben. „Schule, Freundschaft, erste Liebe und ...Vampire sind die Dauerbrenner der 8–12jährigen in Frankfurt." (Frankfurter Rundschau vom 16. 5. 2000)

Die Lust am Gruseln ist bei Kindern nach wie vor ungebrochen. Obwohl Film und Fernsehen dem Buch Konkurrenz machen, scheint es der Literaturgattung Vampir-Kinderbuch in den letzten zwanzig Jahren sehr gut gegangen zu sein, zumindest lässt das die Anzahl der Veröffentlichungen schließen. Begonnen hat der Kinderbuch-Boom mit Angela Sommer-Bodenburgs Geschichte vom kleinen Vampir Rüdiger. Angela Sommer-Bodenburg schreibt zu ihrem Buch: „Von meinen Schülern weiß ich, dass sie gerne gruselige, spannende Geschichten lesen und dass ihre Vorstellungswelt von Monstern, Geistern und Vampiren bevölkert wird. Sie sind zwar noch keinem begegnet, können sich aber durchaus vorstellen, dass eines Abends ein Vampir auf ihrem Fensterbrett sitzt ... Und hier beginnt die Geschichte. Mein Vampir ist allerdings kein blutrünstiges Scheusal, sondern ein lieber kleiner Vampir, der vielleicht dazu beitragen kann, Ängste abzubauen."

Illustration aus: Angela Sommer-Bodenburg, *Der kleine Vampir* (1979)

Generell ist das die vorwiegende Richtung aller Vampir-Kinderbücher. Denn der kleine Vampir hat jede Menge Verwandte auf der ganzen Welt. Fast immer geht es um Freundschaft zwischen einem mehr oder weniger großen Vampir und einem Menschen, zumeist einem Kind, denn Kinder sind weitaus aufgeschlossener und vorurteilsfreier als die Erwachsenen. Immer wieder sind jene es, die die eigentlich Fürchterlichen in diesen Geschichten sind, wobei das Fürchterliche oftmals nichts anderes ist als Überbesorgtheit. Wir trauen unseren Kindern nichts zu, insbesondere nicht, wenn sie ihre Geschichten erzählen, die eigentlich nicht stimmen dürften.

Und so ist es oft der Vampir, der als solidarischer Partner die Kinder diese nicht mit der Erwachsenenrealität übereinstimmenden Abenteuer erleben lässt, die sie sonst nicht erleben könnten und damit gleichzeitig Dinge in Frage stellen, die von den sogenannten Erwachsenen als ganz normal angesehen werden.

Vampirfreund Tony in der Verfilmung des *kleinen Vampirs* (2000)

Vampire im Kinderbuch:
Willis Hall, *Der letzte Vampir* (1983)

Disney-Comic (Titelabb. aus dem Jahre 1994)

In mittlerweile fünf Büchern des Autors Willis Hall muss der junge Henry Hollin dem Grafen Alucard helfen, sein Leben zu meistern, denn er ist absolut lebensuntüchtig, aber auch völlig ungefährlich. Er ist der letzte Nachfahre der Draculas und ein Vampir, der zum Vegetarier geworden ist. Am liebsten ißt er Blutorangen und tut keiner Fliege was zu leide, was aber die anderen nicht wissen. Und so kommt es, dass er immer wieder in Situationen gerät, die ihm gar nicht geheuer sind, weil die Menschen glauben, dass er gefährlich ist. Und Henry muss ihm immer wieder aus der Patsche helfen, weil Alucard sich in der sogenannten normalen Welt nicht zurecht findet.

Dieser Graf Alucard ist mein Lieblings-Kindervampir neben Rüdiger. Rüdiger und seine Verwandten sind echte Vampire, ausgenommen Rüdigers kleine Schwester Anna. Sie ist noch zu klein, um sich von Blut zu ernähren und lebt von Milch. 16 Bände umfassen mittlerweile die Abenteuer von Anton, dem menschlichen Freund von Rüdiger, und Rüdiger von Schlodder-

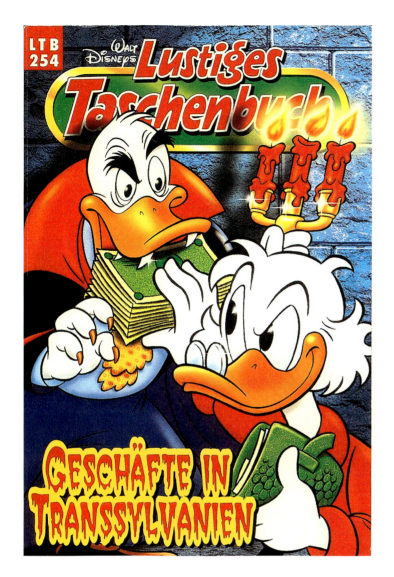 

stein. Zwei Fernsehserien wurden nach den Büchern gedreht, und im letzten Jahr entstand ein Hollywood-Film nach den Motiven aus Angela Sommer-Bodenburgs Büchern. Ob es nun niedliche kleine Vampire sind oder ganze Vampir-Familien, immer wieder lebt das ganze von dem Gegensatz der beiden Lebensentwürfe der Vampire und Menschen und so wird in lustiger und in ironischer Art das normale Leben aufs Korn genommen. Interessanterweise entstanden die meisten Kinderbücher in den 80er Jahren, jener Zeit also, in denen die Vampire in den sonstigen Medien nicht so stark vertreten waren wie sonst. Seit ungefähr einem Jahr haben Rüdiger und Doktor Alucard, oder wie sie auch immer heißen mögen, einen ganz heftigen Konkurrenten: Harry Potter. Aber auch der Zauberlehrling an der Hogwart-Schule für Zauberer und Hexen muss sich mit Vampiren herumschla-

Walt Disney's lustiges Taschenbuch. Comic-Cover (Titelabb. aus dem Jahre 1998)

Graf Duckula, Die Vampir-Ente (Titelabb. aus dem Jahre 1990)

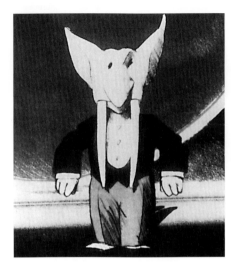

Kein Walroß, sondern Ernest, der kleinste Vampir der Welt, aus der ARD-Fernseh-Zeichentrickserie *Fürchterliche Freunde* (1987).

gen, zumindest in der Schule. Zur Pflichtlektüre im 2. Schuljahr gehört Gilderoy Lockhart's "Abstecher mit Vampiren". Leider hat die Autorin nicht mitgeteilt, was in diesem Buch steht.

In der Welt der Vampire für Kinder gibt es natürlich auch Comics und Spiele. Selbstverständlich löst Micky Mouse als Detektiv einen Fall, der sich „Das Geheimnis des Grafen" nennt, und es ist unschwer zu erkennen, auf welchen Graf da angespielt wird. Auch Onkel Dagobert treibt Geschäfte in Transsylvanien. Aber der bedeutendste Vertreter der Vampir-Enten ist Graf Duckula, allerdings ist auch er aus der Art geschlagen. Statt in Gewölben seines transsylvanischen Schlosses die Familientradition des Blutsaugens zu pflegen, ist auch dieser Graf Duckula ein überzeugter Vegetarier. Ihn fasziniert die vornehme Blässe eines Spargelhalses, prall gefüllte Halsschlagadern hingegen lassen ihn total kalt. So nachzulesen in seiner Autobiographie „Mein Leben als Vampir-Ente". Graf Duckula ist den Kindern der Welt insbesondere durch eine Zeichentrickserie im Fernsehen bekannt geworden.

Und so ist es auch nicht verwunderlich, dass jener Graf Duckula auch in einem Spiel für Kinder erscheint, einer Art transsylvanisches „Mensch-Ärger-Dich-nicht" oder besser „Vampir-Ärger-Dich-nicht." Vampir-Spiele haben eine lange Tradition, bereits in den 50er und 60er Jahren gab es Spiele, wenn auch meistens für Erwachsene. Die Idee der meisten Spiele ist gleich. Vampir-Jäger jagen einen Vampir. So simpel die Grundidee, so vielfältig die Ausführungen und so ideenreich die Spielregeln. Game of Dracula, White Lady, Clepto, Vampire, Fury of Dracula usw. sind die Namen jener Spiele, deren Inhalt man sehr leicht daraus ableiten kann. Was früher das Brett, kann heute selbstverständlich der Computer sein.

Vampir-Rollenspiele

Eine viel kompliziertere Struktur haben Vampir-Rollenspiele, die deshalb meist nur für Jugendliche und Erwachsene geeignet sind. Rollenspiele basieren darauf, dass jeder Spieler seinen eigenen Charakter mit unterschiedlichen Stärken und Schwächen in einer durch den Spielleiter gestalteten Welt darstellt und aufgrund seiner Charaktereigenschaften das Spiel auch selbst gestalten kann. Rollenspiele beginnen mit einer einfachen, anhand eines Brettspiels dargestellten Spielwelt, mit der man durch Würfeln und Aufschreiben das Abenteuer bestehen kann, bis hin zu Life-Rollenspielern, die in ihrer Phantasiewelt aufgehen. Sie kostümieren sich entsprechend der gewählten Charaktere, treffen sich in einem Wald, auf einer Burg oder in einer Stadt, um sich ganz ihrem Spiel zu widmen. Life-action-roll-playing-game oder abgekürzt „Larp" nennen sich diese Rollenspiele. Die Spieler treffen sich zumeist in sogenannten Cons, um ein ganzes Wochenende oder länger in ihren Rollen zu bleiben.

Das bekannteste Vampir-Rollenspiel nennt sich „Vampire, the masquerade". Dieses Spiel bietet etwas ganz Besonderes. Selbstverständlich gibt es eine eigene Spielewelt, ein Vampir-Königreich usw., wie in allen Rollenspielen auch. Aber waren bisher die Vampire die Feinde der Spielercharaktere, so halten in diesem Rollenspiel Mitspieler die Gelegenheit, selbst einen Vampir zu spielen. Das Regelwerk beginnt stimmungsvoll mit den Aufzeichnungen eines alten Vampirs. Der Spieler erfährt, dass neben der Welt der Sterblichen eine weitaus geheimnisvollere Welt existiert, die Welt der Vampire. Die Aufzeichnungen führen bis in die Zeit des Alten Testamentes zurück, als sich Kain durch den Mord an seinem Bruder Abel einen Fluch zuzog, der ihn zum Stammvater aller Vampire machte. Man erfährt von den Schrecken der Inquisition, die auch vor den Vampiren nicht haltmachte, von Vampir-Clans und letztlich von der Seelenpein des Vampirs, der ihn sein ganzes unseliges Leben hindurch quält. Hier setzt nun das eigentliche Regelwerk ein. Die Beherrschung bestimmter Eigenschaften und Fähigkeiten wird durch ein in fünf Rangstufen gegliedertes System nachgestellt, das Auskunft darüber gibt, ob eine Fertigkeit lediglich armselig oder gar herausragend beherrscht wird. Daran schließt sich das Kapitel der Charaktererschaffung an, anschließend wird man mit den Vampir-Clans vertraut gemacht, die für die Familie Rückhalt und Familienersatz zugleich sind. Wer sich also immer schon zum Clan der Nosferatu hingezogen fühlte, der kommt in diesem Rollenspiel voll auf seine Kosten.

Den Abschluss bilden die übernatürlichen Fähigkeiten der Untoten, die von Vampir zu Vampir, von Clan zu Clan unterschiedlich sein können. Zum Schluss wird der Spielleiter mit den Gegnern der Vampire vertraut gemacht, und diese Welt ist im Wesentlichen unsere Welt. Die Menschheit lebt in einer medienbeherrschten Konsumwelt, die Arbeitslosigkeit ist hoch, die Städte werden von kriminellen Elementen beherrscht, überall herrscht Korruption und Machtmissbrauch. Auch die Kirche ist weitaus einflussreicher als in der Realität. Dies ist zugleich die Welt der Vampire, die sich hier im Verborgenen einen Kampf um Jagdreviere und das Überleben liefern. Diese Welt hat sehr viel Ähnlichkeit mit der dunklen Welt Batmans, sprich Gotham City. In dieser Welt gilt es, sich zu behaupten. Wie dies aussehen kann, hat eine amerikanische Fernsehserie probiert. Sie hat dieses Rollenspiel in eine Serie übersetzt, die sich „Clan der Vampire" nennt und 1995 entstand. Leider hat es diese Serie nie geschafft, den Zauber des Spiels in eine Spielhandlung zu übersetzen. Die Serie war langweilig, was man von den meisten Vampir-Spielen nicht sagen kann.

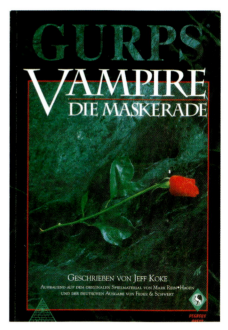

Umfangreiche Spielanleitungen sind nötig, damit die Rollenspieler ihre Spielwelt entstehen lassen und ihre Handlungsstränge verfolgen können. *„Vampire. Die Maskerade"* ist die deutsche Ausgabe des bekanntesten amerikanischen Vampir-Rollenspiels.

Und lautlos Fliegen sie durch die Nacht

Die Rede ist von Fledermäusen, den „Kobolden der Nacht", die immer schon dunkle Phantasien anregten. Schon der Name dieses „Handflüglers" gehört dem Aberglauben an, denn es gibt kein Mittelding zwischen Vogel und Maus, ein sogenanntes Mitteltier. Dieser Charakter passt wunderbar zu der Fabel vom Krieg zwischen den vierfüßigen Tieren und den Vögeln, in dem es die Fledermaus nach dem jeweiligen Vorteil bald mit diesem, bald mit jenem hielt. Obwohl schon Aristoteles wußte, dass die Fledermaus ein Säugetier ist, hielt man die Fledermaus lange Zeit für einen sehr seltsamen Vogel. Diese Vorstellung findet sich auch in der Bibel. Moses zählt sie unter den unreinen Vögeln auf. Auch bei Homer erscheint die Fledermaus als Vogel.

Fledermäuse und Flughunde, die mit wissenschaftlichem Namen „Chiroptera" heißen, sind mit 925 Arten nach den Nagern die artenreichste Säugetierordnung und besiedeln vor allem die warmen Regionen der Erde. Sie können, um sich in der Natur durchzusetzen, aktiv auf häutigen Flügeln, die sich zwischen den stark verlängerten Fingern, dem Unterarm und entlang des Körpers, zwischen Schwanz und Hinterbeinspannen befinden, fliegen.

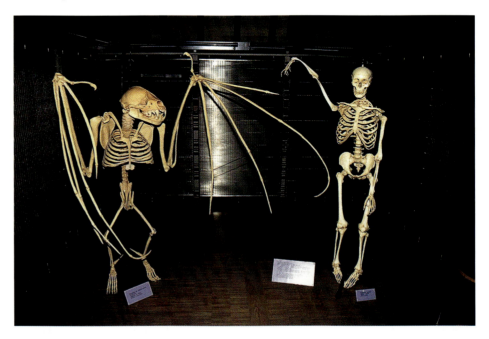

Wenn man das Skelett einer Fledermaus auf die Größe eines Menschen überträgt, fallen einem da nicht gewisse Ähnlichkeiten auf?

Fledermaus-Sondermarke der Deutschen Post.

Vampir-Fledermaus (Desmodus rotundus)

Und sich gleichzeitig noch in der Dunkelheit mittels Ortungsrufen im Ultraschallbereich bei den Fledermäusen oder starken Nachtaugen bei den Flughunden orientieren. In der ökologischen Nische Nacht erschließen die Fledertiere eine Vielzahl von Nahrungsquellen. Sie leben von Insekten und Spinnen, Früchten, Nektar, Pollen, Fischen und kleinen Landwirbeltieren. Und nur drei Arten ernähren sich von Blut.
Diese Arten, die ausschließlich in Süd- und Mittelamerika vorkommen, ritzen mit ihren scharfen Zähnen die Haut schlafender Vögel und Säugetiere oder Menschen an, um das austretende Blut aufzulecken. Dies geschieht so

geschickt und rasch, dass das Opfer vom Besuch ihrer Parasiten gar nichts merkt. Die Gefahr bei dieser Blutübertragung geht nicht von dem Blutverlust aus, sondern von der möglichen Übertragung von Krankheiten, beispielsweise von Tollwut. Nur das macht die Blutmahlzeit der echten Fledermäuse gefährlich.

Und genau die Attribute, die ihr in der Natur Erfolg bringen, lassen sie auch gespenstisch erscheinen. Wer in der Nacht mühelos umherfliegen kann, wird nicht nur für unsichtbar gehalten, sondern kann auch die Gabe der Unsichtbarkeit verleihen. So heißt es in Schwaben, man könne sich unsichtbar machen, wenn man ein der Fledermaus ausgestochenes Auge bei sich trägt. Und wenn ein so dämonisches Tier sich den Menschen nähert, so bringt es Unheil. Ganz besonders ausgeprägt ist die Vorstellung der Fledermaus als Haardämon. Wenn sich eine Fledermaus in den Haaren verfängt, hat es ganz böse Folgen. Die harmloseste ist, dass man seine Haare verliert. Viel schlimmer ist, wenn sich die Fledermaus in den Haaren einer Jungfrau verfängt. Entweder ist es ein Zeichen dafür, dass diese Frau ledig bleiben wird oder einen unmoralischen Lebenswandel führt.

Ruft das nächtliche Treiben der Fledermaus einerseits erotische Vorstellungen hervor, so gemahnt andererseits die Nacht an das Verlöschen des Lebens, den Tod. Ähnlich wie bei den Nachtraubvögeln wurde die Fledermaus zu einem bösen Omen, zum Sinnbild des Todes. Als Bote des Todes zeigt sie den Menschen an, wann sie sterben müssen, wenn eine Fledermaus über sie fliegt oder sie einem Menschen das Haar ausreißt. Bei den Siebenbürger Sachsen bedeutet es einen Todesfall, wenn eine Fledermaus (aber auch eine Nachteule und ein Käuzchen) das Haus umschwärmt oder in die Stube hineinschwirrt.

Sie werden deswegen als Todesorakel angesehen, weil sie selbst ruhelose Seelen darstellen. Schon im Altertum war die Verwandlung in eine Fleder-

Der Tanz der Vampir-Fledermaus zu ihrem Blutspender – Zeichnung von M. Golte-Bechtle. Aus dem Buch von Klaus Richarz/Alfred Limbrunner „Fledermäuse".

112

Emblematische Darstellung der Fledermaus in einem sexuell bestimmten Kontext – Werbung eines Orthopäden aus Reims (1869) für einen Keuschheitsgürtel für 120.–, 180.– oder 320.– Francs mit dem Slogan ‚*Plus de viol!*' (Kein Diebstahl mehr!)

Der Vampir im Salon. Ein von Max Ernst bearbeiteter Stahlstich aus viktorianischer Zeit.

maus Strafe für ein sündhaftes Leben. So ist es nicht verwunderlich, dass die Fledermäuse mit dem Teufel in Verbindung stehen. Teufelstiere sind immer zugleich auch Hexentiere. Tatsächlich wird berichtet, dass Hexen bisweilen als Fledermäuse umherfliegen konnten, so wie sie auch zur Bereitung ihrer Hexensalben Organe der Fledermaus benötigten. Der Teufelspakt wird gerne mit Fledermausblut geschrieben, und nach dem Volksglauben der Zigeuner ist die Fledermaus aus einem Kuß entstanden, den der Teufel bei Gelegenheit einem schlafenden Weib gab.

So ist es nicht verwunderlich, dass der Teufel und der Vampir sehr oft mit Fledermausflügeln dargestellt werden. Sie sind das Symbol der Unsichtbarkeit, der Lautlosigkeit und der Ruhelosigkeit.
Diese Charakterisierung hat die Fledermaus nicht verdient. Und so gibt es auch Kulturen, die die Fledermaus als Glückssymbol begreifen, so insbesondere in China. Im kantonesischen Dialekt bedeutet der Name der Fledermaus Fuk-Schii, ‚Ratte des Glücks'. Ob sie wirklich Glück bringen, sei dahingestellt. Eins ist allerdings sicher, sie sind faszinierend und diese faszinierenden Machtgeschöpfe brauchen unser Verständnis und unsere Rücksichtnahme, damit sie nicht aussterben.

Auf alten Abbildungen sind Fledermäuse mit teuflischen Zügen ausgestattet.

TRANSSYLVANISCHE TRIVIALITÄTEN

Count Dracula – oder: Graf Zahl aus der Sesamstraße.

Sobald jemand einen schwarzen Umhang trägt, lange Eckzähne hat oder sich vor der Sonne fürchtet, weiss auf der Welt jeder, es ist ein Vampir. Selbst das kleinste Kind kennt diese Figur. Und so verwundert es nicht, dass in der Sesamstraße ein gewisser Graf Zahl auftaucht, der den Kindern das Zählen beibringt. Graf Zahl ist Graf Dracula oder im Englischen Count Dracula, was ja auch „Zähl Dracula" heißt. Diese niedliche Veralberung des Vampirs findet man entsprechend aber auch in allen anderen Gebieten. Graf Dracula wird deswegen nicht ernst genommen, weil sein schwarzes Hemd durch das Waschen ergraut ist oder er aufgrund des Genusses von Müsli den Sonnenaufgang verpasst usw.

Diese Trivialisierung und Ironisierung des Mythos spielt zum einen mit dem berühmten fremden Andersartigen, welches aber auf der anderen Seite von den Menschen zu bannen ist. Und wenn diese Gestalt für den Menschen nutzbar geworden ist, dann kann man ihn auch für alles mögliche verwenden, so z.B. zum Staubsaugen. Der Staubsauger Vampir ist mittlerweile produktgeschichtlich eine ebensolche Legende wie der Vampir selbst, denn er saugt Staub ebenso wie der Vampir das Blut.

Vampire im Werbeeinsatz: Plastik-Vampire als Sammelfiguren von McDonald's und Burger King.

116

Der „Vampyr" im eigenen Heim: Saugen unter anderen Vorzeichen – Werbebild für den AEG-Staubsauger *Vampyr* des Baujahres 1924.

Vampir-Likör: eine Alternative für Blutsauger?

Ahnenforscher: Charles stammt von Dracula ab

Waren seine Vorfahren Vampire?
US-Historiker Robert Davenport behauptet: Prinz Charles (49) stammt vom berühmt-berüchtigten Grafen Dracula ab!

Davenport hatte den Stammbaum des Kronprinzen bis zu einer rumänischen Herrscher-Dynastie im 15. Jahrhundert zurückverfolgt. Dabei fand er raus: **Der als blutrünstig gefürchtete Graf Vlad alias „Dracul" (Drache) war ein Ahne von Charles. Und das Vorbild für Bram** Stokers Grusel-Bestseller über den Blutsauger Graf Dracula.

Das Bindeglied zu der Verwandtschaft ist eine Deutsche: Queen Mary, die Frau von König Georg V. (1865–1936). Ihre Vorfahren waren Rumänen.

Mitglieder der englischen Vampir-Gesellschaft waren über die Blutsverwandtschaft von Charles begeistert. Logenleiterin Arlene Russo: „Charles ist von bestem Blute. Wir wollen ihn als Mitglied werben."

Skeptisch: Charles weiß nicht, was er von seiner Verwandtschaft halten soll.

Finster: Graf Dracula stand seine Grausamkeit im zerfurchten Gesicht geschrieben.

Spekulation der BILD-Zeitung am 19.10.1998.

Monster für Philatelisten.

Apropos Blut: Natürlich hat sich auch die Getränkeindustrie des Vampirs bemächtigt. „Vambier", „Transylwine" oder „Dracula-Likör" verschönern jede Vampirparty.

Einen Konsumbereich, in dem der Vampir sich sehr wohlfühlt, ist die Mode. Immer wieder werden Anleihen beim Vampir und noch viel mehr beim Vamp gemacht. Erotische Mode für Damen hat immer etwas vampartiges und das schwarze Outfit der Designer immer etwas Dracula-mäßiges. Das geben die Modemacher auch gerne zu. Vivienne Westwood, eine der ausgefallensten Designerinnen mit Weltruf, nannte ihre Kollektion im Jahre 1995 „Dracula & Co."

Und so ist auch der Vampir sehr oft Gestalt der Satire, ob ernstgemeinte politische Satire oder nur als Symbol des Fremden, des Andersseins, von der politischen Karikatur bis zur Symbolfigur des Roten Kreuzes, das für seine Blutspenden wirbt. Graf Draculas Erscheinen ist kosmopolitisch und überall. Seine Verballhornung und Entschärfung tut aber seiner eigentlichen Bedeutung keinen Abbruch. Er ist die Symbolfigur des Dunklen, des Bösen, des Unbegreiflichen und aufgrund der derzeitigen wissenschaftlichen Entwicklung in der Zukunft noch mächtiger.

Humor mit Vampiren: Glückwunschkarte zum Einzug in die neue Wohnung.

Vivienne Westwood mit einem Studenten auf einer Vampir-Mode-Party (1995).

Tragetasche einer Modeboutique.

WIE MAN SICH VOR VAMPIREN SCHÜTZT

Von Professor van Helsing wissen wir die wichtigsten und wirkungsvollsten Maßnahmen zum Schutz gegen den Vampir. Im Einzelnen sind es: bleiben Sie zu Hause, insbesondere bei Nacht, denn der Vampir kann niemals eintreten, ohne daß er eingelassen wird. Außerdem verstiebt seine Macht wie die aller bösen Dinge, wenn der Tag kommt.
Dann gibt es Dinge, die ihn so angreifen, daß er alle Kraft verliert. Das ist zum einen der Knoblauch, aber auch alle geheiligten Dinge, z.B. macht ihn das Kreuz machtlos. Ein Zweig wilder Rosen auf sein Grab gelegt, hindert ihn am Herauskommen, eine geweihte Kugel, die man in den Sarg schießt, tötet ihn endgültig. Und welche friedbringende Wirkung ein Pfahl hat, den man durch sein Herz treibt, wissen wir ohnehin.
Lassen Sie uns die Schutzmechanismen noch einmal analysieren: es gibt für all diese Dinge eine mythologisch-religiöse und eine wissenschaftliche

Hier reichte die Menge an Knoblauch offenbar nicht aus, um die Vampire fernzuhalten. In Polanskis *Tanz der Vampire* (Großbritannien/USA, 1967) schlagen sie trotz aller Schutzmaßnahmen zu. – Filmszene mit Jessie Robbins, Alfie Bass und Jack McGowran.

Graf Dracula (Christopher Lee in *Dracula*, 1957) schreckt vor dem Kreuz zurück: Vampire vertragen weder Kruzifixe noch das Sonnenlicht.

Erklärung. Fangen wir mit dem Knoblauch an. Es gibt eine spezielle Art der Porphyria-Krankheit, in der bei den Kranken das für den gesunden Organismus so wichtige Hämoglobin nicht oder nicht genügend erzeugt wird. Der Körper schafft es nicht, im Blut Eisen in Porphine einzubauen. Das hat schlimme Folgen. Die Haut reagiert empfindlich auf Sonnenlicht und Helligkeit, Licht ist „Gift" für diesen Kranken. Seine Haut zerfällt. Der Ausweg besteht darin, nur nachts ins Freie zu gehen. Außerdem bildet sich das Zahnfleisch zurück, die Haut wird durchscheinend und die Zähne durchscheinend weiß.
Für all dies ist mangelndes Hämoglobin verantwortlich. Für den Abbau oder Zerfall von Hämoglobin im Blut ist das Enzym P 450 zuständig. Besagtes Enzym kommt in besonders starkem Maße in Knoblauch vor. Es ist sehr leicht vorstellbar, daß sogenannte Vampir-Kranke ihr Leiden dadurch gelindert haben, daß sie gesundes Blut tranken.
Knoblauch spielt natürlich auch als Heilknolle in der volksmedizinischen Tradition, insbesondere in Osteuropa, eine große Rolle.

Ein Pfahl soll die Vampirin zur Ruhe bringen – Filmszene aus *Horror of Dracula* (1958)

Wie ist es nun mit dem Kreuz? Das Kreuz ist in allen Kulturen das Zeichen des Lichtes und des Sonne und somit das Symbol des Guten. Licht und Sonne lassen wachsen und gedeien, Licht ist Leben. Insofern hat das Kreuz eine universelle Wirkung und spielt natürlich durch seine sehr intensive Verwendung in der christlichen Tradition eine ganz entscheidende Rolle. Ein Zweig wilder Rosen auf den Sargdeckel gelegt, bannt den Dämon und hindert ihn am Verlassen des Grabes. Aus dem Blut, das der Geliebte der Aphrodite, Adonis, vergossen hatte, sollen die ersten Rosen gesprossen sein. Sie wurden zum Symbol der über den Tod hinausgehenden Liebe und der Wiedergeburt. In der christlichen Symbolik war die rote Rose Sinnbild des Blutes, das der gekreuzigte Jesus vergossen hatte. Die kirchliche Ikonographie machte die Rose als Königin der Blumen zum Symbol der Himmelskönigin Maria und der Jungfräulichkeit. Heute ist die Symbolik der weißen Rose insbesondere auch ein Zeichen der Jungfräulichkeit, der Reinheit und der Unbeflecktheit.

Sie sehen also, vieles von dem, was wir leichtfertig abtun, hat einen tiefen religiösen Ursprung.

Zum Schluß noch ein paar ganz praktische Tipps und Methoden, wie man den Vampir töten oder austricksen kann:

Der Pfahl muss ins Herz geschlagen werden. Thomas Hunter (rechts) und Ivor Murillo im Film *Gebissen wird nur nachts – Happening der Vampire* (Deutschland, 1970).

1. Der Holzpflock
Die bekannteste Methode funktioniert dann am besten, wenn der Pflock aus Eschenholz ist, denn das Kreuz, an dem Christus gestorben ist, war angeblich aus Esche, daher die besondere Bedeutung dieser Holzart. Die Methode ist alt und erprobt und wird schon seit dem 15. Jahrhundert angewendet.

2. Kopf ab
Diese ist zwar unappetitlich, dient aber zur Sicherung, insbesondere in Kombination mit der Holzpflock-Methode anzuwenden.

3. Feuer
Feuer ist ebenfalls eine sehr wirkungsvolle Methode und vor allen Dingen auch am Tage anwendbar, denn sie funktioniert am besten, wenn der Vampir in seinem Sarg liegt und schläft.

4. Silberkugeln
Diese Methode ist umstritten, denn sie funktioniert eigentlich nur bei Werwölfen. Aber es soll ja auch Vampire geben, die im richtigen Leben Werwölfe waren.

5. Weihwasser, Hostien und sonstige geheiligte Sachen
Weihwasser, Hostien und sonstige geheiligte Sachen in seinen Sarg legen, damit er nicht darin schlafen kann und er bei Tageslicht umhergehen muß. Das bringt ihn um.

6. Zaubersprüche
Zaubersprüche und sonstige Bannsprüche sind nur von Fachleuten anzuwenden, ansonsten können sie schiefgehen. Für das normale Volk wird empfohlen, beten, das soll angeblich immer helfen.

7. Glauben Sie nicht an Vampire, dann gibt es sie auch nicht.

DIE ZUKUNFT

Die Literatur über die Wiederkehr des Bösen nimmt zu. Wissenschaftler diskutieren darüber. Eines ist aber neu: Das Böse tritt nicht mehr nur als konstruiertes Bild eines äußeren Feindes auf, sondern es gehört inzwischen zu den immanenten Strukturen einer komplexen Weltgesellschaft. Nicht ein äußerer Feind, sondern wir selbst zerstören die Grundlagen unserer Existenz. Damit haben die Menschen den Göttern die Arbeit abgenommen. Der Schriftsteller Carl Amery nennt dies die „Rückkehr der Apokalyptischen Reiter". „Das Haupt- und Innenwesen der alten Gottestaten war der Tod als Wirkkraft nachhaltigen Lebens; das Wesen der neuen Apokalyptik, jedenfalls ihr wesentliches Gerichtetsein, ist die scheinbare Überwindung des Todes, eine Überwindung, die ihrerseits zum tödlichen Sieg wird, zum möglicherweise letzten und endgültigen Sieg über eine von uns bewohnbare Zukunft ... Der Tod, das war der alte Gebieter über Hunger, Pest und Krieg – aber der neue ist, auf eine grausig groteske Weise sein gerades Gegenteil, gewissermaßen der Tod des Todes, das Schwinden seines Gewichtes und seiner Macht in der Waagschale des ständigen Leben/ Tod-Gerichts über uns Menschen." (Die Rückkehr der Apokalyptischen Reiter, 36f)

Dies könnte man als modernen Ausdruck der Position des Kirchenvaters Augustinus bezeichnen, der die Lehre von der Erbsünde eingeführt hat: „Der Mensch ist böse, weil er in der Sünde gezeugt wurde. Modern ausgedrückt – der Mensch ist böse, weil er in Systemen mitwirkt, die schädliche Folgen haben." (Wehowski: Die Faszination des Bösen)

Die Menschen sind in Strukturen eingezwängt, die ihren eigenen Untergang beschleunigen. Allerdings kann man dafür niemanden mehr verantwortlich machen, denn im öffentlichen Diskurs ist kein Platz mehr für den Teufel und auch nicht für den lieben Gott. Weder dem einen noch dem anderen kann man die Schuld geben, und deshalb bleibt der Mensch als alleine Verantwortlicher übrig. Je mehr die Menschheit an ihrem Überlebensprogramm arbeitet, so ist zu befürchten, desto mehr neue Schrecken wird sie schaffen. Dass wir nicht mehr die Herren der Welt sind, die wir geschaffen haben, wird auch in einem Erklärungsansatz des Sexualwissenschaftlers Volkmar Sigusch deutlich, den er „Hytomatie" nennt. Hiermit kennzeichnet er eine Tendenz, bestimmte neuartige gesellschaftliche Phänomene der Verdinglichung analytisch aufeinander zu beziehen. Einerseits werden Dinge menschlich beseelt, um sie zu verstehen, andererseits das menschliche Leben verdinglicht.

Frankenstein aus dem Hollywoodfilm von James Whale (1931). Obwohl Mary Godwin die Kreatur Frankensteins als „schön" beschrieben hatte, stellt Boris Karloff Frankenstein als das bekannte Monster dar: mit Stahlbolzen im Hals, Stichen und Narben und übertrieben hoher Stirn.

„Weil das Unbelebte so erfolgreich ist, sind Menschen bemüht, sich zu vergegenständlichen. Sie wollen die toten Dinge vermenschlichen, wenn es schon nicht so einfach ist, ihre Grazie und ihren Effekt zu erreichen." Nicht der Vietnamese ist sympathisch, sondern das Bier. Fair behandelt wird nicht der Zigeuner, sondern das Reihenhaus. Nicht die Kandidatin bewegt sich graziös, sondern die Rakete. (Frankfurter Rundschau, 30.08.1997)
Sigusch behauptet, dass wir uns selbst überlebt haben, weil wir das, was wir fabriziert und angerichtet haben, sinnlich und seelisch nicht mehr erfassen können. Das individuelle Leben wird nichtig. „Wir leben in einer Kultur des Lebens im Nichtigsein, des Totlebens und des Totsterbens: totwirtschaften, totarbeiten, totlangweilen, totreden, totschlagen." Die Individuen schreien

Die Mystik des Mittelalters hat die Bilder von Pieter Bruegel der Ältere (um 1525-1569) geprägt. In der Nachfolge von Hieronymus Bosch bewegen sich Motive seiner Bilder zwischen Himmel und Hölle: *Das Jüngste Gericht* (1558), Feder und braune Tinte.

nach Leben, weil sie an sich und oft auch für sich nichtig sind. Die Angst, nur noch zum Schein zu leben, lässt die Menschen immer schneller rennen um ihr Leben, weil ihr individueller Tod ihre gesellschaftliche Stellung objektiv besiegelt.

Ist diese Kultur des Todes nicht vampiresk? Braucht diese neue Angst eine alte Projektionsfigur? Ja, weil es keine bessere gibt. Der Mythos wird sich wandeln. Dazu ein weiteres Beispiel: Ein Professor White hat dreißig Affen den Kopf abgeschnitten und diese Köpfe dann den Leibern anderer geköpfter Affen aufgesetzt. Professor White ist Transplantationschirurg, ein sehr geachteter sogar, der bereits vom Papst empfangen wurde. Er will dies, was

er mit den Affen getan hat, mit Menschen ebenfalls tun. Als ich darüber las, war ein Satz ganz bemerkenswert: „Der Kopf, sagt dieser praktizierende Kartesianer, sei als Sitz des Geistes und der Seele die Hauptsache, ein neuer Körper habe ihm im Falle eines Falles zu Diensten zu sein." (FAZ, 8.11.97)

Die Suche nach der Seele läuft im Moment wieder auf Hochtouren. Aber auch die Hirnforscher, die sich dieser Frage angenommen haben, streiten sich genauso wie die Philosophen zu Beginn des 18. Jahrhunderts. Während Gerold Edelman an einer Theorie des neuronalen Darwinismus arbeitet, kehrt Sir John Eccles mit seiner Theorie der Trennung der materiellen Welt

Luca Signorelli (1445/50–1523), *Das Ende der Menschheit*, Fresko, um 1500.

vom Universum der Gedanken wieder zu Descartes zurück (beide sind Nobelpreisträger).

Und in diesem Universum der Gedanken hat der Vampir nach wie vor seinen Platz, nicht gerade beliebt, aber unausweislich.

Auch an ihrer Unsterblichkeit arbeiten die Menschen und sind ihr mit der Gentechnik auf der Spur. Was Gott oder wer auch immer in einmaliger Form geschaffen hat, wird durch den Menschen zur gleichförmigen Massenproduktion. Die Menschen werden dies psychisch nicht verkraften, sie werden tun, was sie immer getan haben. Sie werden sich – zumindest im geheimen – ihre Projektionsfiguren schaffen. Und wenn dann auch noch die alten apokalyptischen Reiter wieder zurückkommen, wie Pest, Hunger und Krieg, dann kommen auch die alten Mythen wieder zum Vorschein. Bram Stoker ließ Jonathan Harker schon vor hundert Jahren in sein Tagebuch schreiben: „Wir leben also wirklich im 19. Jahrhundert? Und doch, wenn meine Sinne mich nicht trügen, hatten und haben die vergangenen Jahrhunderte ihre eigene Macht, die Modernität alleine nicht töten kann." (Tagebuchaufzeichnung vom 15. Mai)

Der Philosoph Robert Spaemann drückte dies 1994 so aus „Die Menschen sind verführbar, das ist es. Aber wer verführt sie? Angesichts der Erfahrung scheint mir die Annahme einer die Menschen verstrickenden, übermenschlichen, bösen Macht rationaler zu sein, als der Verzicht dieser Annahme." (Der Mensch ist verführbar, S. 130)

Die moderne Zeit ist schon anders. Der Mythos wird sich wandeln. Die zunehmende Atheisierung der Welt wird auch den Vampir verändern, denn dieser Vampir ist und bleibt ein theologisches Wesen. Aber solange wir in den Strukturen unserer derzeitigen moralischen Weltordnung leben, bleibt die Angst vorhanden. Und wenn die Angst kommt, kommen die Gespenster, Angst vor moralischem Verfall, vor Chaos und Katastophen wird den Vampir immer wieder neu erstehen lassen in seiner ganzen dämonischen Kraft und Faszination.

... Aber Vampire gibt es doch gar nicht – oder?

VAMPIRE IN ALLER WELT

Bezeichnung	*Herkunft*
Akakharu	Assyrien
Brukolakas	Griechenland
Dearg-Duls	Alt-Irland
Ekimu	Assyrien
Kathakanes	Ceylon
Murony	Wallachei
Pontianaks	Java
Ralaratri	Hindostan
Strigon	Indien
Swamx	Burma
Tii	Polynesien
Upior oder Wampior	Polen
Upeer	Ukraine
Vrykolaka, Vurkulaka, Wukodalak	Russland, Montenegro, Böhmen, Serbien, Dalmatien und Albanien
Vampyr	Holland
Wampira	Servia (Stadt in der Türkei)
Penangglan	Malaiischer Archipel
Nosferat	Rumänien, Transsylvanien
Upierzyca oder Vepyr	Ruthenisch
Lamia	Rom und Griechenland (Altertum)
Poludnista	Russland (Succubus)
Pisachas	Hinduistische Incubi
Pishauchees	Hinduistische Succubi
Gandharvas	Blutsaugende Incubi bei den Hindus
'Alukah	Hebräischer Succubus und Vampir
Bruxas	Portugiesische Succubi und Vampire
Duenden	Spanische Incubi
Ephialtes und Hyphialtes	Griechiches Pendant zu Incubi und Succubi
Upier	Russland
Vapir oder Vepir	Bulgarien
Incubus:	„Draufliegender"; männlicher Dämon, der Frauen verführt.
Succubus:	„Drunterliegende"; Dämon in Frauengestalt, der mit Männern Geschlechtsverkehr hat.

DIE PERSÖNLICHE HITLISTE DER DRACULA-BEARBEITUNGEN

Die Bücher:

1. BRAM STOKER, DRACULA, München 1967
Stokers Roman um den transsylvanischen Fürsten Dracula ist bis heute das ultimative Vampir-Buch in der Belletristik. Sein Reiz liegt neben dem Inhalt insbesondere in seiner Form, denn es handelt sich um Tagebuch-Aufzeichnungen, die die Geschichte aus immer wieder anderen Blickwinkeln beleuchten. Neben dem Dracula-Motiv ist eines der Hauptmotive des Romans der Widerspruch zwischen alten Mythen und moderner Technik und Naturwissenschaft.

2. ANNE RICE, INTERVIEW MIT EINEM VAMPIR, Frankfurt 1989
Wenn es einen Nachfolger Graf Draculas gibt, dann ist es Anne Rice' Vampir Lestat. Aus der Sicht seines Geliebten Louis, der sich einem Reporter anvertraut, wird das Leben bzw. Existieren des Vampirs Lestat dargestellt.

3. PIERRE KAST, DIE VAMPIRE VON LISSABON, Wien–Hamburg 1979
Einen völlig anderen Ansatz verfolgt Kast mit den Vampiren von Lissabon. Er präsentiert uns die Vampire als Wesen, die sich wie wir nach dem Licht, nach dem ewigen Leben sehnen. Sie sind im Kampf gegen den Tod vielleicht bereits einen Schritt weiter als wir.

4. STEPHEN KING, BRENNEN MUSS SALEM, München 1985
King hat hier das Dracula-Motiv in die Moderne versetzt, nach Salem, einer Kleinstadt in Amerika. Es ist ihm gelungen, die moderne Adaption so spannend hinzukriegen, daß „Brennen muß Salem" zu Kings besseren Büchern gehört.

5. ADOLF MUSCHG, DAS LICHT UND DER SCHLÜSSEL, Frankfurt 1984
In dem Roman, der in Amsterdam spielt, wird ein Vampir zum Menschen entwickelt. Als unfreiwilliger Nachtwächter an einem Krankenbett kommt der Untote in die Situation, eine Frau, statt sie auszusaugen, in das Leben zurückzuerzählen. Und das hat ganz merkwürdige Folgen für ihn. Neben der interessanten Variation des Themas ist hier insbesondere auch die literarische Qualität hervorzuheben.

6. RICHARD MATHESON, ICH BIN LEGENDE, München 1982
Matheson greift das Thema in ganz besonderer Weise auf. Für ihn hat der Vampirismus ganz natürliche Ursachen und breitet sich durch Ansteckung aus. In diesem Science-Fiction-Roman schildert er, wie der letzte Mensch in einer Welt von Vampiren lebt und sich versucht durchzusetzen. Bei seinem Feldzug stellt er fest, daß er der Abnormale ist, die Bedrohung, die Legende.

7. TIM POWERS, DIE FALSCHE BRAUT, München 1991
Powers verbindet historische Fakten, Legende und Phantasie zu einem Roman voll düsteren Vergnügens. Der Protagonist dieser Geschichte, Dr. Michael Crawford, hat eine heimliche Geliebte in der Nacht, eine Braut, der die Stunden seines Schlafes gehören. Durch sie stellt er Fragen, die die letzten oder die ersten Fragen der Menschheit sind.

8. ERNST MOLDEN, AUSTREIBEN, München–Wien 1999
In Wien geschieht Seltsames. Eine Serie von Amokläufen reißt die Stadt in einen Strudel der Gewalt. Die Kommissarin Mimi Sommer ahnt bald, dass diesen Taten mit herkömmlicher Polizeiarbeit nicht beizukommen sein wird. Sie stößt auf ein weibliches Wesen, dessen Energie und Macht weit über die menschliche Existenz hinausgeht.

9. ANNE RICE, FÜRST DER FINSTERNIS, München 1990
Dieser Roman ist die Fortsetzung des „Interviews mit dem Vampir" und erzählt die Entstehung Lestats und der Vampire; bis weit zurück ins Altertum, bis Isis und Osiris (altägyptische Gottheiten) verfolgen wir die Spuren der Vampire.

10. GASTON LEROUX, DIE BLUTBEFLECKTE PUPPE, München–Wien 1994
Gaston Leroux hat mit der blutbefleckten Puppe einen Schauerroman geschrieben, der dem „Phantom der Oper" ebenbürtig ist. Oft schaut Benedikt Masson am Abend, wenn nur noch der Laden des gegenüberliegenden Uhrmachers beleuchtet ist, gebannt nach drüben. Christine, die Tochter des Uhrmachers, weckt sein Interesse. Da sieht er, wie in der Wohnung aus einem Schrank ein Mann hervortritt und Christine umarmt. Es geschehen seltsame Dinge. Christine zieht Benedikt ins Vertrauen, den hässlichen, missgebildeten Mann, dessen Gesicht seine Mitmenschen erschaudern lässt.

Und als Zugabe:
ANGELA SOMMER-BODENBURG, DER KLEINE VAMPIR, Hamburg 1979
Antons nicht ganz normaler Freund Rüdiger zeigt diesem, dass nicht alles so ist, wie es aussieht und dass Menschen oder Untote, obwohl sie ganz anders leben, ganz andere Ziele und Ideen haben, trotzdem Freunde sein können. Der kleine Vampir ist *das* deutsche Vampir-Kinderbuch.

Die Filme:

1. DRACULA, GB 1958

Dracula leitet eine Serie vom Hammer-Filmen ein, die bis heute nichts von ihrer Wirkung verloren haben. Zum ersten Mal betritt Christopher Lee als Graf Dracula die Weltbühne. Es ist sein schillernster Auftritt, genauso wie der seines Gegenspielers van Helsing, der durch Peter Cushing seine perfekte Verkörperung gefunden hat.

2. TANZ DER VAMPIRE, GB/USA 1966

Keine zehn Jahre später gibt es dann auch nach vielen Dracula-Filmen die perfekte Parodie. Das Besondere an Polanskis Film ist, daß er die Mythen kennt und mit diesen spielt. Hieraus entsteht der feinsinnige satirische Witz, der diese Komödie bis heute auszeichnet.

3. DRACULA, USA 1930

Tod Brownings Fassung ist die Übersetzung des Bühnenstücks ins Kino. Bela Lugosi hat hier seinen großen Auftritt als Dracula und setzt seine Erfolge, die er auf der Bühne gefeiert hat, im Film fort. Zusammen mit diesem Film wurde gleichzeitig eine spanische Fassung gedreht, von der viele behaupten, dass sie besser sei als die englische. Tagsüber die englische mit englischsprachigen Schauspielern, nachts die spanische mit sehr ähnlichen spanischen Schauspielern. Vielleicht ist ja die Nachtversion allein durch die Drehzeit schon besser.

4. NOSFERATU, Deutschland 1922

Murnaus Klassiker gehört zu den großen Kunstwerken des expressionistischen Films, und seine Licht- und Schattenspiele sind heute für jeden Cineasten noch mehr als sehenswert. Es ist ein Meisterwerk des frühen Kinos und heißt nur deswegen Nosferatu, weil Murnau die Rechte an Dracula nicht bekommen hat.

5. BEGIERDE, USA 1982

Tony Scott war Werbefilmer, bevor er Spielfilm-Regisseur wurde. Das sieht man seinem Film „Begierde" auch an. Aber dieses in Spot-Manier gedrehte Werk besticht nicht nur durch die Hauptdarsteller Catherine Deneuve und

David Bowie sowie Susan Sarandon, sondern durch die Umsetzung in opulente Bilder. Hier geht es um den weiblichen Vampir Miriam, der sehr viel Ähnlichkeit mit Lilith hat.

6. DRACULA, USA 1979

John Badhams *Dracula* wird leider oftmals unterschätzt. Es ist nicht nur die herausragende Filmmusik, die diesen Film auszeichnete, sondern die Gestalt Draculas. Darsteller Frank Langella ist hier zum ersten Mal jener erotische, leidenschaftliche Liebhaber, den wir später in Coppolas *Dracula* wiedersehen.

7. BLUT AN DEN LIPPEN, BRD/Belgien/Frankreich 1970

Dieser avantgardistische Vampir-Film lehnt sich an die Legende der Gräfin Barthory an, die im 16. Jahrhundert im Blut von Jungfrauen gebadet hat, um ihre Schönheit zu erhalten.

8. NEAR DARK, USA 1988

Der Vampir-Film als modernes Roadmovie: Diese Art der Darstellung von Kate Bigelow taucht später in John Carpenters *Vampire* wieder auf. Die Vampire ziehen durchs Land, von keiner Macht gehalten, außer durch die Liebe, zumindest 1988 noch.

9. LIEBE AUF DEN ERSTEN BISS, USA 1979

Dragotis Kommödie hat neben den satirischen Aufbereitungen des Themas noch eine zweite sehr witzige Komponente, er spielt auch mit der Filmgeschichte. So gibt es u. a. in einer Disco John Travoltas Auftritt in *Saturday Night Fever* und am Schluss der große Abschied aus *Casablanca*. Sehr spritzig und amüsant.

10. THE ADDICTION, USA 1994

Die Philosophiestudentin Kathleen schreibt ihre Doktorarbeit über das Wesen des Bösen, bis sie es selbst erlebt. Aber ihre zentrale Frage bleibt unbeantwortet: Sind wir Sünder, weil wir sündigen oder sündigen wir, weil wir Sünder sind? Keine leichte Kost!

133

LITERATURVERZEICHNIS

AMERY, CARL: *Die Rückkehr der Apokalyptischen Reiter*, in: „Psychologie heute" 11 (1994) S. 34-39

BIBEL: *Neue Jerusalemer Bibel*. Einheitsübersetzung mit dem neu bearbeiteten und erweiterten Kommentar der Jerusalemer Bibel, Freiburg 1985

BORRMANN, NORBERT: *Vampirismus oder die Sehnsucht nach Unsterblichkeit*, München 1998

DREWERMANN, EUGEN: *Strukturen des Bösen*, 3 Bände, Paderborn 1988

EISNER, LOTTE H.: *Die dämonische Leinwand*, Frankfurt/M. 1975

FARSON, DANIEL: *Vampire und andere Monster*, Frankfurt/M. 1978

FRANKFURTER RUNDSCHAU, 30.08.1997; 16.5.2000

FAZ, FRANKFURTER ALLGEMEINE ZEITUNG, 8.11.1997

HANDWÖRTERBUCH DES DEUTSCHEN ABERGLAUBENS, Bächthold-Stäubli, Hanns (Hrsg.): 9 Bände und Register, Nachdruck, Berlin-New York 1987

HARMENING, DIETER: *Der Anfang von Dracula*. Zur Geschichte von Geschichte, Würzburg 1983

HELMAN, CECIL: *Körper Mythen*. Werwolf, Medusa und das radiologische Auge, München 1991

HURWITZ, SIEGMUND: *Lilith, die erste Eva*, Zürich 1980

KLANICZAY, GÁBOR: *Heilige, Hexen, Vampire*. Vom Nutzen des Übernatürlichen, Berlin 1991

MALLEUS MALIFICARUM: *Der Hexenhammer*. Reprint, Leipzig o. J.

MÄRTIN, RALF-PETER: *Dracula*. Das Leben des Fürsten Vlad Tepes, Berlin 1980

MCNALLY, RAYMOND, FLORESCU, RADU: *Auf Draculas Spuren*. Die Geschichte des Fürsten und der Vampire, Berlin/Frankfurt/M. 1996

MEURER, HANS: *Von den Vampiren und Blutsaugern*. Hintergründe zur Faszination des Aberglaubens, in: Karsten Prüßmann: Die Dracula-Filme, München 1993, S. 11-24

MEURER, HANS: *Der dunkle Mythos*. Blut, Sex und Tod. Die Faszination des Volksglaubens an Vampire, Schliengen 1996

PIRIE, DAVID: *Vampir Filmkult*, internatinale Geschichte des Vampirfilms vom Stummfilm bis zum modernen Sex-Vampir, Gütersloh 1977

PRÜSSMANN, KARSTEN: *Die Dracula-Filme*. Von Friedrich Wilhelm Murnau bis Francis Ford Coppola, München 1993

RICHARZ, KLAUS/ LIMBRUNNER, ALFRED: *Fledermäuse*. Fliegende Kobolde der Nacht, Stuttgart 1992

SPAEMANN, ROBERT: *Der Mensch ist verführbar* (Interview), in Focus 49 (1994) S. 130

STROKER, BRAM: *Dracula, ein Vampirroman*, München 1967

STURM, DIETER/ VÖLKER, KLAUS (HRSG.): *Von denen Vampiren oder Menschensaugern*. Dichtungen und Dokumente, München 1968

SUMMERS, MONTAGUE: *The Vampire*. His Kith and Kin, London 1928

SUMMERS, MONTAGUE: *The Vampire in Europe*. London 1929

TANZ DER VAMPIRE, *Programmheft der Stuttgarter Musical-Aufführung*

WEHOWSKI, STEFAN: *Die Faszination des Bösen*, in Focus 49 (1994) S.122 ff

Bildbände – Sachbücher – Reiseführer der besonderen Art

Uli Wunderlich
DER TANZ IN DEN TOD
Totentänze vom Mittelalter bis zur Gegenwart
24,6 x 22,9 cm, 144 S. mit 82 Farb- und 117 SW-Bildern, geb. mit Schutzumschlag 49,80 DM / 364 öS / 46,00 sFr.
ISBN 3-89102-461-4
Obwohl die Zeiten, in denen die Menschen an tanzende Tote glaubten, längst vorüber sind, hat der Totentanz nichts von seiner Faszination verloren. Berichte über Jenseitsvisionen oder übernatürliche Erscheinungen erfreuen sich großer Beliebtheit. Plätze, an denen es spukt, Ruinen, Kirchen und Friedhöfe sind zu Ausflugsorten geworden, wo die Ereignisse der Vergangenheit, die Ängste und Hoffnungen unserer Ahnen erfahrbar werden. Gegenstand der Erkenntnis sind jedoch nicht die Orte an sich, sondern Sachzeugnisse vergangener Jahrhunderte, allen voran makabere Kunstwerke, also Bilder und Texte, die mit Sterben und Tod zu tun haben.

Christiane Kipper
UNTERWEGS ZWISCHEN HIMMEL UND ERDE
Fotografien zu Texten von Milan Kundera, Sten Nadolny, Cees Nooteboom und anderen
23,3 x 23,3 cm, 112 Seiten, bedrucktes Vorsatz, zweifarbig, geb. mit Schutzumschlag.
ISBN 3-89102-386-3.
Die Schönheit und Ästhetik der Friedhofs-Skulpturen faszinieren besonders durch die in Duoton gedruckten Schwarz-Weiß-Fotografien. Es ist ein Buch über die Leiidenschaften, über den Körper, die Seele und den Geist, über Glück, Zufall und das Schicksal, über Begegnungen und Beziehungen von Menschen, über die Erinnerung und das Vergessen.

Gerald Axelrod
... ALS LEBTEN DIE ENGEL AUF ERDEN
Fotografien über Schönheit und Tod
29,6 x 22,8 cm, 128 S. mit 83 Fotos in Duoton. Sonderausgabe Pappband. ISBN 3-89102-451-7
Der vorliegende Band versammelt eine große Auswahl der Fotografien, die der Autor auf italienischen Friedhöfen gemacht hat. Eindrucksvoll präsentiert er hier das morbide Widerspiel zwischen der Schönheit der Engelsplastiken und dem allgegenwärtigen Tod auf den Friedhöfen. Der Begleittext erzählt von der Geschichte der Engel und wie sie in den Schriften der Weltreligionen behandelt werden. So erfährt der Leser hier von der Gliederung in gute und böse Engel und deren Aufgaben, von der Verfolgung des Engelsglaubens und dessen Wiederkehr.

Mysteriöses – Geheimnisvolles – Sagenhaftes

DIE SCHWARZEN FÜHRER erschliessen das geheimnisvolle volle Deutschland, seine sagenumwobenen und märchenhaften Plätze, führen zu den verwunschenen und mysteriösen Orten, in die Vergangenheit.

DER SCHWARZE FÜHRER DEUTSCHLAND
22,0 x 11,0 cm, 264 S. mit 253 geheimnisvollen Stätten in 194 Orten mit 123 Abbildungen und zwei Übersichtskarten. Mit einer Einführung von Prof. Lutz Röhrich. Pappband.
ISBN 3-89102-440-1

DIE SCHWARZEN FÜHRER
Regionalbände in kartonierter Ausstattung:

BERGISCHES LAND
180 S., ISBN 3-89102-421-5

BERLIN – BRANDENBURG
216 S., ISBN 3-89102-429-0

FRANKEN
240 S., ISBN 3-89102-123-2

HAMBURG –
SCHLESWIG-HOLSTEIN
240 S., ISBN 3-89102-426-6

DER HARZ
204 S., ISBN 3-89102-420-7

HESSEN – SÜDLICHER TEIL
264 S., ISBN 3-89102-428-2

MECKLENBURG-VORPOMMERN
192 S., ISBN 3-89102-432-0

MÜNCHEN – OBERBAYERN
312 S., ISBN 3-89102-424-X

NIEDERBAYERN – OBERPFALZ
240 S., ISBN 3-89102-430-4

NORDWESTDEUTSCHLAND
174 S., ISBN 3-89102-122-4

RHEINLAND
240 S., ISBN 3-89102-433-9

SAARLAND – DIE SAAR
240 S., ISBN 3-89102-431-2

SACHSEN
254 S., ISBN 3-89102-423-1

SACHSEN-ANHALT
252 S., ISBN 3-89102-427-4

SCHWABEN – BODENSEE
248 S., ISBN 3-89102-121-6

SCHWARZWALD
180 S., ISBN 3-89102-120-8

THÜRINGEN
276 S., ISBN 3-89102-425-8

WESTFALEN
240 S., ISBN 3-89102-422-3

Die Reihe wird fortgesetzt

Eulen Verlag